KNAUR

MONIKA SCHMIDERER

Finde *Klarheit*

7 Regeln

für ein selbstbestimmtes
& authentisches Leben

KNAUR

Besuchen Sie uns im Internet:
www.knaur.de

Aus Verantwortung für die Umwelt hat sich die Verlagsgruppe Droemer Knaur zu einer nachhaltigen Buchproduktion verpflichtet. Der bewusste Umgang mit unseren Ressourcen, der Schutz unseres Klimas und der Natur gehören zu unseren obersten Unternehmenszielen. Gemeinsam mit unseren Partnern und Lieferanten setzen wir uns für eine klimaneutrale Buchproduktion ein, die den Erwerb von Klimazertifikaten zur Kompensation des CO_2-Ausstoßes einschließt. Weitere Informationen finden Sie unter: www.klimaneutralerverlag.de

FSC® www.fsc.org MIX Papier aus verantwortungsvollen Quellen FSC® C083411

Originalausgabe Juni 2021
Knaur Taschenbuch

Ein Imprint der Verlagsgruppe
Droemer Knaur GmbH & Co. KG, München

Redaktion: Carolin Schreiber
Covergestaltung: Bureau Rabensteiner
Coverabbildung: Bureau Rabensteiner
Satz: Daniela Schulz
Druck und Bindung: CPI books GmbH, Leck
ISBN 978-3-426-79112-7

2 4 5 3

Für Patrick.

*Und für alle, die ihren Weg der Klarheit gehen,
in die eigene Tiefe finden – und neue, befreite
Perspektiven einnehmen wollen.*

Wir alle sind Findende. Und weil diese Reise zur Klarheit eine so persönliche und berührende ist, habe ich die ebenso persönliche Anrede im modernen »du« gewählt. In jedes »du« lege ich meinen ganzen Respekt und meine höchste Wertschätzung für dich, deine Geschichte, deine Zukunft und deine wachsende Kraft im Hier und Jetzt.

Inhaltsverzeichnis

I.

Klarheit sucht nur, *wer der Illusionen satt ist*

Dieses Buch habe ich für *dich* geschrieben. Für dich als einen Menschen, der in dieser bewegten Welt nach Klarheit sucht – und seine eigene innere Sicherheit und authentische Kraft finden möchte.
Und weil dich diese Suche sicherlich schon oft enttäuscht hat, weißt du: Wahre Erkenntnis wurzelt nicht an der Oberfläche, und Klarheit erschaffen wir nicht mit einem Poliertuch.
Klarheit – rein wie die eines Diamanten – entsteht nur dort, wo sich die inneren Kräfte sammeln. Wo sich die Energie so sehr konzentriert und bündelt, dass sich ein Kristall bilden kann. Solider und schöner als alles andere, was auf dieser Erde zu finden ist.

Genau deshalb wird dieses Buch dich nicht an der Oberfläche spazieren führen, besänftigen und dir sagen, dass du »einfach nur glücklich sein musst«. Sondern es wird deine neue Ehrlichkeit fordern, dich in genau die Tiefen der Gedanken, Gefühle und inneren Gefilde führen, in denen tatsächlich *das* entstehen kann, was du suchst:
deine ureigene Klarheit.
Für ein selbstbestimmtes, wirksames Leben in deiner ganz individuellen, authentischen Stärke, das auch dann sicher und stabil sein kann, wenn im Außen die Stürme wüten.

Darum lade ich dich ein: Grabe immer tiefer. Folge der Spur der Inspiration, der neuen Gedanken, der Übungen und Anleitungen in diesem Buch immer weiter: bis zu dem Punkt, an dem du an deinem wahren Kern angekommen bist – und damit an dem Ort, an dem du neue, starke Wurzeln schlagen und befreiter, stärker und schöpferischer wachsen kannst als je zuvor.

Genieße diesen Weg. Freue dich über jeden neuen Schritt. Und finde Klarheit.

Es ist mir eine Ehre, dich begleiten zu dürfen.

Herzlich
deine Monika Schmiderer

II.

Bevor wir unser Leben in Klarheit formen können, *formt die Klarheit uns*

Wir beide, du und ich, sind belogen worden. Immer und immer wieder. Mit ganzer Absicht und mit den verschiedensten Absichten. Uns wurde erklärt, wie gefährlich das Fallen ist, noch bevor wir überhaupt richtig laufen lernten. Wir wurden darauf trainiert, besser als die anderen sein zu wollen, noch bevor wir uns je in einer Gemeinschaft wirklich sicher gefühlt haben. Wir wurden geformt wie Maschinen, die funktionieren müssen, damit die große Maschine funktionieren kann. Und je älter und je kritischer wir wurden, umso mehr Anweisungen, Kurse und Bücher hat man uns in die Hände gedrückt, die uns zeigen sollten, wie wir diese Maschine antreiben und immer weiter optimieren können. Uns wurde gelehrt, dass Effizienz uns erfolgreich und Erfolg uns glücklich macht. Und: dass wir erst dann so richtig funktionieren, wenn wir *jederzeit* und *rundum* glücklich sind.

Ich war ein Kind der 1980er-Jahre und habe geglaubt, was die Welt mir beigebracht hat. Und so wurde ich in drei Jahrzehnten vom fleißigen Mädchen zur Spitzenschülerin, von der Spitzenschülerin zur schnellen Studentin, von der schnellen Studentin zur engagierten Jungunternehmerin, von der engagierten Jungunternehmerin zur gefragten Kreativkraft – und mit 26 Jahren bin ich dem Tod von der Schippe gesprungen.
Ich war so krank, dass ich über viele Monate hinweg jeden Tag ums Überleben kämpfen musste. Jedoch nicht so, wie du dir das jetzt vielleicht vorstellst. Ich lag nicht in einem weißen Krankenbett. Keine Visite kam. Kein Besuch, der Blumen vorbeibrachte.

Es gab keinen langen Flur und keine kleine Teeküche mit Früchtetee in großen, silbernen Kannen. Keine Parkspaziergänge unter großen Weidebäumen, um wieder auf die Beine zu kommen. Ich rang monatelang jeden Tag mit dem Sterben, ohne dass es jemand bemerkte.

Ich stand frühmorgens auf. Duschte. Legte Make-up auf. Brachte Frühstück auf den Tisch. Stieg in meinen kleinen, hellblauen Polo. Stand im Morgenstau. Sperrte als Erste die Bürotür auf – und als Letzte zu. Ich betreute KundInnen und holte neue, immer größere Aufträge ein. Versuchte, in jedem Projekt ein bisschen besser zu sein als im vorherigen. Wollte nicht nur performen, sondern begeistern. Ich strebte beruflich nach hohen Zielen und lebte privat nach hohen Idealen: Ich sorgte mich um die Welt, die Politik und den Wandel der Dinge. Las, hörte und sah, was auf dem Planeten geschah, doch fühlte mich machtlos – und gleichzeitig umgeben von Menschen, die ständig immer so weitermachten wie bisher. Und so tat ich es auch. Ich lief täglich in meinem ganz persönlichen Hamsterrad, und in jeder freien Minute hatte ich ein offenes Ohr für meine vielen FreundInnen. Fühlte mit. Sagte nie Nein. War immer für jeden erreichbar, und im Notfall auch spätnachts noch da. Doch immer öfter ging ich leer aus diesen Gesprächen. Immer öfter fühlte ich mich in Gesellschaft allein. Immer öfter bekam ich Angst vor der Zukunft und der Richtung, in die sie zu schlittern schien. Es wurde schwer, abends zur Ruhe zu finden, und noch schwerer, morgens aus dem Bett zu kommen. Unter der Dusche war mir zum Weinen zumute. Beim Frühstück verlor ich zuerst den Appetit, dann auch die Lust zu sprechen, und auf dem Weg zur Arbeit packte mich stumme Panik: Wie soll das alles weitergehen?

Doch die Menschen fragten nicht, ob ich mich sicher fühlte. Die verrückte Welt fragte nicht, ob ich mich noch orientieren konnte. Und die virtuelle Flut fragte nicht, ob ich noch Kraft hatte, zu rudern, sondern sie riss mich Tag für Tag in den digitalen Dauerlauf. Spülte mich von E-Mails zu Anfragen, zu Telefonaten und

Meetings, von neuen Nachrichten zu Kommentaren, von Projekt zu Projekt. Und wenn ich abends die Bürotür hinter mir schloss, nahm ich alles mit: meinen Posteingang, meinen Newsfeed, meine Telefonnummer, den Druck, das Zittern und die Angst, in einem viel zu kleinen Boot auf einen gigantischen Wasserfall zuzusteuern.

Und ich googelte: »Hilfe«. Wortwörtlich. Immer wieder. Ich holte mir unzählige Bücher und Tipps, besuchte Anti-Stress-Seminare, fand Coaches und TherapeutInnen verschiedenster Art, doch mein Boot trieb mit jedem Morgen immer weiter und immer schneller auf den Abgrund zu, denn ich *konnte* nicht abspringen. Ich *musste* weitermachen. Ja, ich musste so unendlich viel:

Ich musste schnell sein, aber durfte keine Fehler machen. Ich musste mich behaupten, aber durfte niemanden vor den Kopf stoßen. Ich musste alles geben, aber sollte wenig dafür nehmen. Ich musste informiert und mündig sein, doch einfach akzeptieren, dass ich kaum etwas in dieser Welt ändern konnte. Ich musste mitfühlend sein und nahbar, aber selbst damit klarkommen, wenn mir etwas zu naheging.

Wie in dem Moment, als einer meiner Freunde mir sagte: »Monika, du bist irgendwie komisch geworden.« Ja, das war ich in der Tat. Ich *war* komisch geworden. Und das, wo ich doch alles hatte: eine erfolgreiche eigene Agentur, begeisterte KundInnen, klare Ziele im Leben. Eine intakte Familie. Einen großen Freundeskreis. Ja sogar einen neuen Partner an meiner Seite.

Ganz offensichtlich funktionierte ich nicht richtig, wenn ich so nicht glücklich war. Es war wohl meine eigene Schuld, dass ich mich fühlte, wie ich mich fühlte. Redete ich mir ein, und wurde härter zu mir selbst: »Reiß dich zusammen! Du musst dich im Griff haben!« Doch mit diesem Griff würgte ich mich fast zu Tode. Mein Gewicht schoss rauf und runter. Meine Haare wurden dünn. Meine Schilddrüse drosselte ihre Funktion. Mein Magen war chronisch entzündet. Meine Nieren ebenso. Mein Körper schmerzte – und es wurde dunkel in mir. Und in dieser Dunkelheit hallten zwei Stimmen wider.

Die eine befahl »Steh auf, mach weiter!« und die andere forderte »Gib auf. Es hat keinen Sinn mehr. Mach Schluss mit diesem Leben.« Jeden Tag quälten mich diese zwei Stimmen – und der Gedanke ans Sterben-Wollen wurde immer reizvoller und wuchs zu einem Wunsch heran, der immer stärker und stärker in mir brannte. Bis ich an nichts anderes mehr denken konnte und nichts anderes mehr fühlte als die Sehnsucht zu sterben.

Und das nicht für eine schreckliche Stunde, wie in einem romantischen Film. Nicht für einen schicksalhaften Tag, wie in einer dramatischen Erzählung. Sondern über Monate und Monate hinweg, wie in der schlichten, menschlichen Realität. Und in dieser Realität kamen der Tag und die Stunde, als alles zu fallen begann: an einem sonnigen Frühlingsmorgen im April.

Meine Agentur hatte ich bereits vor einigen Wochen auf unbestimmte Zeit geschlossen. Hatte im Büro alles weggeräumt und die Jalousien zugezogen. Doch verließ ich jeden Tag nach einem weiteren stummen Frühstück die Wohnung, um am Innufer spazieren zu gehen. In meiner Tasche trug ich meinen Block und einen Stift, um etwas zu schreiben, wenn ich denn konnte. Falls nicht, wie so oft, würde ich (wieder) einfach nur aufs Wasser schauen und dabei das lodernde Brennen in mir ertragen, das unaufhörlich verlangte: »Spring hinein.«

Die Parkbank, auf der ich saß, war dunkelbraun, der Weg kiesgrau, das Wasser eiskalt-türkis von der Schneeschmelze, das Brückengeländer grün, der Himmel blau. »Spring!« schrie es in mir. Ich zitterte ganz bis ins Mark, dort, wo man es außen nicht mehr sieht. »Spring.« Meine Tränen schafften es nicht einmal mehr bis über meine Lider und Wangen, aber sie trübten meinen Blick. »Spring.« Fast blind vor Schmerz stand ich auf, stolperte los, hörte den Kies unter meinen Füßen knirschen. »Spring.« Die Welt schien unwirklich weit weg. »Spring.« Mein Herz schlug bis in meine Ohren. »Spring.« Alles rauschte. »Spring.« Die Brücke war

lang, ich ging, ohne zu denken – bis ans andere Ende. Überquerte die Straße und stand vor einer großen Glastür: Universitätsklinik, las ich mit verweinten Augen.
Wie von fremder Hand geführt, trat ich ein. Fand mich an einem Empfang. Dann in einem langen Gang und schließlich in einem Warteraum in dumpfen Farben. Mein Name wurde aufgerufen. Man führte mich in irgendein kleines Behandlungszimmer. Ich wurde Dinge gefragt. Ich antwortete andere Dinge. Ich wurde zu einer Liege gebracht. Mein rechter Ärmel wurde nach oben geschoben. Mein Blut wurde abgeklemmt. Eine Spritze wurde in meine Venen gedrückt. Und in dem Moment schloss ich die Augen, spürte, wie eine Träne sich löste, und wusste:
Ich würde nie mehr die sein, die ich war.

 # Wenn du wie der Phönix aus der Asche steigen willst, musst du bereit sein, den Staub zu fressen.

Um es gleich vorwegzunehmen und alle Illusionen auszuräumen: Ich stieg nicht binnen zwei Wochen wie ein Phönix aus der Asche. Mein Weg war kein »In zehn Tagen aus dem Burn-out« oder »In drei Wochen zum immerwährenden Glück«.
Es war ein langer, intensiver und unglaublich heilvoller Prozess, der mich geformt, geprägt und für immer unwiederbringlich verändert hat. Denn seit diesem Aprilmorgen, an dem ich dachte, ganz unten angekommen zu sein, führte mein Pfad in neue, mir bis dahin unbekannte Räume:
Ich unterzeichnete die freiwillige Entlassung aus der Klinik und gab das Versprechen, nun jeden Morgen unversehrt in der psychiatrischen Ambulanz der Universitätsklinik zur Kontrolle zu erscheinen. Betäubt und benommen verließ ich das große Gebäude, ging zurück in die Zweizimmerwohnung, in der ich mit meinem Freund lebte, setzte mich mit ihm auf die Couch, erzählte ihm, was geschehen war, und legte drei verschiedene Medikamentenschachteln auf den Tisch.

Sediert, gebrochen und an dem seidenen Faden dieser Psychopharmaka hängend, ging ich die ersten Schritte hinein in ein neues Leben. Nein, ich ging nicht, ich fiel: Jeden Abend stürzte ich hinab in einen komatösen, schwarzen Schlaf, den mir meine abendliche Dosis verabreichte. Morgens fand ich nur schwer zurück aus diesem namenlosen Ort. Meine Augen wollten sich kaum öffnen. Eine Taubheit lag auf mir wie eine fremde, unliebsame Hand. Mühevoll stand ich auf, ging zum Spiegelschrank und schluckte zwei weitere Tabletten, um aus diesem Ort herausgeholt zu werden – und in dieser Welt wieder aufzutauchen. Meine Pupillen schnellten weit auf. Ein fremdes Vibrieren flutete meinen Körper, feuerte mein Hirn an – und ich konnte wieder marschieren. Weniger als eine halbe Stunde – und die Maschine Monika lief wieder. Ja, und das *musste* sie auch! Jetzt musste es ja wohl wirklich »aufwärtsgehen mit mir«! Doch von *mir* war nicht viel da. Ich, mein Herz und meine Sinne waren weit weg. Eingepackt in unsichtbare Watte und von Panzerglas umgeben, das die wahre Intensität aus allem nahm: aus den Tränen unter der Dusche, aus dem flauen Magen beim Frühstück, aus dem Druck, aus dem Schmerz, aus der Angst. Aber auch aus der Wärme der Frühlingssonne und aus der Schönheit des glitzernden Lichts auf dem Fluss, entlang dessen Ufer ich nun jeden Tag frühmorgens zur Kontrolle ins Krankenhaus ging. Mit frisch gemachten Haaren, streng verkleidet in meinen besten Sachen und mit schweißnassen Händen wurde ich – wie verordnet – bei den PsychiaterInnen vorstellig, um nicht bloß zu sagen, sondern auch zu *zeigen,* dass ich sehr wohl fähig war, die noch verbliebene Verantwortung zu übernehmen. Wieder heimgehen zu dürfen. Und die Hoffnung zu bewahren, dass es einen wahren Weg für mich gab.

Und damit hatte ein neuer Kampf begonnen: Es war nicht mehr der Kampf gegen die tägliche Flut an To-dos, Anforderungen, Sorgen und Ängste. Es war der Kampf um ein normales Leben, ein Leben außerhalb der Klinik – und der Kampf um den Glauben

daran, dass ich irgendwann wieder ohne diese fremde Panzerung, ohne diese fremde Hand, die mich führte, leben könnte.
Ich kämpfte um meine Selbstbestimmung, die ich durch all meine viel zu hohen Ansprüche, das ständige Angepasst- und Immerverständnisvoll-Sein fast verloren hätte. Ich kämpfte darum, mich meinen Ängsten stellen zu können – und den Mut und die Freude wiederzufinden, die ich einst hatte. Ich wollte wissen, was meiner Seele fehlte – was sie hatte ausbrennen lassen, wollte die Asche zusammentragen und ihr neues Feuer geben. Ich wollte meine Wunden heilen und wollte daran wachsen. Um wirksam zu sein. Als ein Mensch, der ein Leben lebt, das ihn erfüllt, das einen Sinn hat und das Sinn gibt in dieser Welt, die dem wachen Geist und dem weichen Herzen so sehr zusetzt.
Ja, in diesem April begann nichts weniger als mein Kampf um mein wahres Ich. Und er führte mich zu allen Schatten meiner Geschichte, zu allen Fehlern und Wunden meines Wesens. Vorbei an ExpertInnen, die mir helfen wollten, aber selbst noch keine Sicherheit gefunden hatten. Vorbei an Freunden und Freundinnen, die plötzlich keine mehr sein mochten. Vorbei an zahllosen Therapiestunden und unzähligen Rückschlägen. Mitten durch einen Ozean voller Enttäuschung, voller Trauer und voller Scham. Und schließlich hin zu den ExpertInnen, die mich aus ihrer eigenen, inneren Stärke heraus begleiten konnten. Hin zu aufrechten Freundschaften. Hin zu neuen Erkenntnissen, zu neuen Gewohnheiten, neuen Sicherheiten, neuem Mut – und hin zu einem neuen April, in dem der medikamentöse Faden erstmals gelockert werden konnte. In dem mein Schlaf wieder heller und das Licht auf dem Fluss wieder etwas funkelnder wurde. In dem ich Tag für Tag wieder wacher und präsenter wurde, wieder etwas mehr zurückfand zu dem, was ich einst »ich selbst« genannt hatte. Wo langsam wieder ein Ufer sichtbar wurde am Rande dieses tiefschwarzen Ozeans. Und ich erkannte, dass mein Partner immer noch da war. Dass er nicht nur an diesem Ufer auf mich gewartet, sondern dass er sogar viele Meilen mit mir zusammen geschwommen war. Und

ich gewann neue Stärke, neue Perspektiven und eine noch nie gekannte Dankbarkeit. Ich nutzte jede noch so kleine gute Strömung, um dieses Ufer, das ich vor mir sah, auch zu erreichen – und dort ein Leben aufzubauen, das *mein* Leben sein sollte –, und wurde: selbstbestimmt und selbstwirksam.

Ich bin dem Weg gefolgt und habe gelernt, nach außen hin gesunde Grenzen zu setzen und zugleich innere Grenzen und Blockaden zu überwinden. Ich habe die Freiheit gefunden, meine FreundInnen, GesprächspartnerInnen und KundInnen so zu wählen, dass sie mich stärken, nicht schwächen. Habe gelernt, meine Gedanken und Gefühle zu beobachten, und sie dorthin zu lenken, wo ich auch tatsächlich sein will. Ich entlarvte mein rastloses Tun als Ausdruck von Angst und lernte, die Ruhe zuzulassen und das Alleinsein zu genießen. Lernte, bewusst Nein zu sagen und mehr anzunehmen. Lernte, die Balance zwischen sozialem Leben und der Zeit für mich, zwischen liebevoller Partnerschaft und meiner eigenen Persönlichkeitsentwicklung, zwischen Arbeit und Auftanken, zwischen Konsum und gelebter Kreativität, zwischen Stadt und Natur, zwischen Außen und Innen zu finden – und stabil zu halten. Ich gab meinem Tag einen neuen Rhythmus, meiner Firma eine neue Struktur und meiner Arbeit ganz neue Spielregeln, um mitten in der digitalen Dauerkommunikation produktiv und kreativ zu bleiben. Ich entdeckte den unschätzbaren Wert der Stille und der Meditation und schöpfte plötzlich aus völlig neuen Inspirationsquellen. Gewann mehr und mehr Kraft, mehr und mehr Sicherheit und mehr und mehr Gewissheit über mich selbst, meinen Standpunkt im Leben, meine Werte, meine Überzeugungen und meine Ziele, die nicht mehr viel mit den üblichen Fünf- bis Zehn-Jahresplänen zu tun hatten. Ich wuchs hinein in eine Lebensweise und innere Ausrichtung, die so viel menschlicher, so viel organischer und so viel erstrebenswerter waren.

 # Ich durfte meine Klarheit finden – und bin davon überzeugt, dass das jedem Menschen gelingen kann.

Darum möchte ich in diesem Buch all das mit dir teilen, was ich auf diesem Weg verstehen und lernen konnte, und möchte die Essenz dessen, was ich erkennen durfte, in den »**7 Regeln für ein selbstbestimmtes & authentisches Leben**« für dich zusammenfassen und dir mitgeben: als eine kleine Leitschnur, ein Inspirationsfaden, der dich zu deiner Klarheit begleitet.

Und nicht nur das: Seit ich weiß, dass jedes Jahr 800 000 Menschen Selbstmord begehen,[i] und damit mehr Tote durch Verzweiflung, Angst und ein Gefühl der Ausweglosigkeit zu verschmerzen sind als durch Verkehrsunfälle, Drogen und HIV zusammen,[ii] schweige ich nicht länger über meine eigenen Erfahrungen. Weil mir bewusst ist, dass in dieser Sekunde Millionen Menschen in diesem dunklen Ozean der Depression und Angst – meist stumm und ungesehen – um ihr Leben schwimmen, erzähle ich, wie ich wieder zum Ufer fand. Und schreibe dieses Buch auch für all jene Menschen, die sich in ihrem Alltag und in den Wirrnissen der Welt orientierungslos fühlen. Die nicht wissen, was sie glauben und welche Entscheidungen sie treffen sollen. Ich schreibe es für all jene, die auf diesen Seiten Mut finden möchten, um weiterzugehen, auch wenn es gerade hart für sie ist.

Und ich schreibe dieses Buch für *dich* ganz persönlich. Für deine Entwicklung hin zu einem authentischen und selbstwirksamen Leben, das Sinn *hat* und Sinn *gibt*. Ein Leben, das du in größtmöglicher Freiheit und innerer Fülle leben kannst – und das dich auf deinen höheren Weg führt, der schon jetzt auf dich wartet.

Meine Erzählungen, Anregungen, Techniken, Übungen und Tipps sollen dich nicht nur freier werden lassen, sondern dich auch erden und tief verwurzeln, damit du stark bist in stürmischen Zeiten und immer wieder einen neuen Anstoß findest, noch tiefer einzutauchen in deine innere Welt. Denn genau dort – und nur dort – liegt deine Klarheit.

Wage es, deiner Wahrheit zu begegnen, und schau bitte dort, wo meine Worte dich besonders berühren, immer etwas genauer hin. Denn wo starke Gefühle sind, wo vielleicht Widerstand ist, wo die Gedanken sich wehren, dort führt oft der wahre Weg weiter. Darum ist meine Einladung an dich: Gehe weiter, bleibe dran, selbst wenn es unbequem wird. Denn **die Klarheit liegt sehr oft außerhalb unserer Komfortzone.**

Nutze dieses Buch als ein Buch zum Loslassen und Wachsen. Und loslassen, wachsen und wohlfühlen können wir nur dann, wenn wir bereit sind, uns von der Jagd nach dem vermeintlich leichten Good-Vibes-only-Leben, nach dem einfachen Erfolg und der schnellen Glückseligkeit zu verabschieden. Wenn wir unsere ausgetretenen Pfade verlassen, auf denen wir nur im Kreis laufen, und bereit sind, uns nicht länger nur von Illusion zu Illusion zu hangeln, sondern all das aus dem Weg zu räumen, was uns von unserer Wahrheit trennt – und ihr zu folgen.

Die grandiose Nachricht ist: Die Gelegenheit dafür, diese alten Trampelpfade zu verlassen und wach und klar zu werden, war selten so gut wie heute. Denn selten erlebten wir so viel Umbruch, Aufbruch und Zusammenbruch wie jetzt. Selten erkannten und spürten wir die Verwundbarkeit der Welt deutlicher. Selten riefen unser Herz und unsere Zeit so laut nach neuen Gedanken, neuen Gefühlen und einer neuen Ehrlichkeit.

III.

Eine neue *Ehrlichkeit* braucht die Welt

Als ich am Boden lag, habe ich mich immer wieder verzweifelt gefragt: »Wie soll das alles nur weitergehen?« Ich habe im Zweifel gelebt, in der Spaltung, war innerlich zerrissen, ängstlich und daher zwangsläufig fremdbestimmt. Ich habe gelitten, aber mir die Macht und die Kraft abgesprochen, mich aus diesem Zustand befreien zu können. Doch je mehr ich zu meiner Klarheit gefunden habe, je ehrlicher ich zu mir selbst geworden bin und je mehr ich mein Leben nach meiner Wahrheit gestalten konnte, desto mehr konnte ich auch beobachten, wie sehr die Welt an sich im Zweifel, in Spaltung und in einem Gefühl der Ohnmacht oder Aggression gegenüber sich selbst oder anderen ist. Diese Zerrissenheit wirft so viele Fragen auf, schürt so viele Ängste und lässt uns sowohl persönlich wie auch als Gesellschaft so viele Entscheidungen treffen, die uns ganz offensichtlich nicht guttun.

Überlege mal: Wie oft hast auch du dir in den letzten zehn Jahren gedacht »**So kann es in der Welt nicht mehr weitergehen?**« Wie oft?

Und im schicksalhaften 2020 ging es plötzlich wirklich nicht mehr weiter. So vieles, was uns normal, sicher und vorhersehbar erschien, zeigte seine verwundbare Wirklichkeit. Seither ist die Welt nicht mehr dieselbe, weil unser Gefühl in dieser Welt nicht mehr dasselbe ist. Denn nicht nur die Umstände, sondern auch wir Menschen haben uns verändert: Gefühle von Sicherheit und Vertrauen, Distanz und Nähe, Wertschätzung und Macht, Planbarkeit und Kontrolle, Selbstverständnis und Mitgefühl, Freiheit und Verbundenheit wurden strapaziert und neu definiert. In dir, in mir, in jedem. Die Frage ist nicht, *ob* eine Veränderung stattfindet, sondern nur, *wie* bewusst und in welcher Form wir sie erleben – und wie positiv wir sie für uns nutzen können. Wo wir die Wahrheit sehen und wo wir Halt und Führung finden wollen – und können.

 # Wie schön, sich so voll auf das Unbekannte verlassen zu können.

Diesen Satz habe ich, wenige Wochen bevor wir alle das Wort »Lockdown« zum ersten Mal hörten, auf meine neuen Seminar-Journale drucken lassen. Und etwas Unbekanntes kam tatsächlich und brachte Wellen von Chaos und Verwirrung in die Welt. Umso stärker wurde mein Wunsch, meine Klarheit zu festigen und selbst Klarheit zu schenken. Und die ersten Zeilen dieses Buches entstanden.
Doch was ist Klarheit überhaupt? Ist es feste Entschlossenheit? Die Faust, die auf den Tisch schlägt und »einen Punkt macht«? Die Stimme, die das letzte Wort hat und die Situation und andere beherrschen will? Ja, diese Form der Klarheit ist eine Form, die uns gerade in Zeiten der Krise verstärkt begegnet. Da tauchen plötzlich Menschen auf, die mit Slogans und Fahnen ins Feld ziehen und alles instrumentalisieren, was ihrem Ideal dient. Die »sagen, wo's langgeht« und allen ihre Marschrichtung aufzwängen wollen. Die eine »harte Linie« fahren, ihren Standpunkt »einnehmen« und »verteidigen«. Das militärische Vokabular kommt dabei nicht von ungefähr. Doch das ist keine Klarheit. Das ist Härte. Und Härte ist nicht das, was wir brauchen und suchen. Denn Härte ist immer angstgetrieben, starr und daher sehr verwundbar – und trotz aller scheinbaren Dominanz sehr fremdbestimmt.

Die Klarheit, die wir suchen, ist eine Klarheit, die öffnet, nicht verschließt. Die möglich macht, nicht unterbindet. Die wachsen lässt, nicht unterdrückt. Wahre Klarheit ist harmonische

Ordnung und lebendige Struktur, die Raum zur gesunden Entwicklung lässt. Sie übernimmt bewusst die Verantwortung und folgt ihrer Aufgabe. Sie ist liebevoll, richtungsweisend und konzentriert, ist präsent im Moment und vorausschauend. Sie macht uns frei und fähig, unser Leben und unser Umfeld schöpferisch zu gestalten.

Aber einmal ganz unter uns gefragt: Wollen wir das *wirklich?* Wenn man sich die Widerstände und Kämpfe ansieht, denen das Neue in der Welt begegnet, könnte man daran zweifeln, dass wir Menschen uns tatsächlich weiterentwickeln wollen. »Neu« scheint immer nur dann gut zu sein, wenn es auf einer Supermarkt-Broschüre steht. Bedeutet es allerdings, dass wir unsere gewohnten Routinen hinter uns lassen müssen, werden wir sehr zögerlich. Das ist verständlich, wenn wir wissen, wie sehr unsere Netzwerke im Gehirn auf Routinen und Wiederholung getrimmt sind. Und wenn wir sehen, wie essenziell materielle Sicherheit für uns geworden ist – wie sehr wir davon abhängig sind, das Gefühl zu haben, die Dinge kontrollieren und vorhersagen zu können.

Doch genau darin liegt die Falle: dass wir dem Bekannten mehr vertrauen als dem Unbekannten, selbst wenn das Bekannte uns nicht zum Ziel führt oder sogar schadet. Dass wir bereit sind, denselben Fehler immer und immer wieder zu machen, anstatt einmal viel zu riskieren – um viel zu gewinnen.

Darum wird deine Klarheit dir beibringen, dich wieder neu zu öffnen. Deinen Blick vom Alten und Starren zu heben und neugierig zu werden auf das, was im Unbekannten auf dich wartet. Sie wird dir helfen, Vertrauen als Gegenkraft zur Angst aufzubauen. Denn Angst hält uns klein und schreit »Nein, nein, nein! Lassen wir das. Komm, wir gehen dorthin zurück, wo alles so ist, wie es schon immer war.« Doch wo soll das sein? So viele Türen haben sich für immer geschlossen. So viele Vorstellungen von früher sind heute einfach nicht mehr tragfähig. Und wir wissen eigentlich längst:

 # Aus alten Gedanken erbauen wir keine neue Welt.

Darum dürfen wir uns auf etwas Neues einlassen und das Unvorhersehbare als Chance sehen. Wir dürfen einen großen Schritt weitergehen und den Blick weiten, denn heute geht es um mehr als bisher. Es geht nicht mehr nur darum, sich selbst zu optimieren und damit seinen Erfolg zu pushen. Es geht nicht nur darum, sich ein schönes Leben leisten zu können, eine tolle Partnerschaft zu führen oder sich selbst zu verwirklichen, sondern es geht darum, der Welt hellwach, offen, bewusst, liebevoll und aufrecht begegnen zu können. Als ein Mensch, der immer weniger Abhängigkeiten, immer weniger Ausreden und Ausflüchte, dafür aber ganz viel Kraft und Klarheit besitzt. Denn all die falschen Sicherheiten, all die schillernden Luftschlösser, die wir uns aufgehäuft haben, zerfallen irgendwann zu Staub. Überall sehen wir die Trümmer. Überall sehen wir Menschen, die versuchen, sich an etwas (oder jemandem) festzuhalten, das keinen Halt geben kann. Darum ist es an der Zeit, sich die essenziellen Fragen zu stellen – und sie in neuer Ehrlichkeit zu beantworten. Damit wir unserer Wahrheit näher kommen und unser Leben und damit die Zukunft selbstbestimmt in die Hand nehmen können.
Denn gerade wenn etwas zerfällt, brauchen wir Menschen, die etwas Neues erbauen. Die Trägheit und Zweifel überwinden, die aus der Enge der Angst ausbrechen, offen auf das Unbekannte zugehen und sich sicher sind, dass sie es zum Besten gestalten können. Im Großen wie im Kleinen. Innen wie außen.

 # Und *du* bist einer von ihnen.

Dabei ist es ganz egal, wo du jetzt gerade stehst: ganz unten, wie ich in meinem schicksalhaften April, oder ganz weit oben, wo du schon an vielen Tagen deinen ganz persönlichen Himmel auf Erden berühren kannst. Immer kannst du in deiner Klarheit wachsen und aus dir heraus wirksam werden. Und immer kann dieses

Buch dazu beitragen, dass du genau das findest, was du gerade jetzt brauchst, um den nächsten, wichtigen Schritt zu gehen, um die nächste Stufe zu erklimmen.
Mit jedem Schritt wirst du stärker. Mit jedem Erkennen wirst du dir selbst bewusster. Und mit jedem Aufstehen – für dich, deine Lieben und die Themen, die dein Herz berühren – wirst du selbstbestimmter. Und das bringt so viel Sinn und so viel Stabilität in dein Sein, dass sich die Frage nach Motivation, Glück oder Erfüllung nicht weiter in der alten Form für dich stellen wird. Denn du hast einen Zugang zu dir und deiner eigenen Kraft gefunden, der dich immer weiter hinauf auf deinen höheren Weg führt. Ich sehe dich schon dort, gratuliere dir und sage: Brich auf – und finde Klarheit.

IV.

7 Regeln für ein selbstbestimmtes & authentisches Leben

Selbst*ermächtigung*

REGEL #1:

Du musst nicht mehr müssen

Lehne dich zurück und sei dir sicher:
Die Arbeit, die du heute gemacht hast, war gut genug. Die Zeit, die du mit deinen Kindern verbracht hast, war liebevoll genug. Die Gespräche, die du mit deinen KollegInnen und FreundInnen geführt hast, waren aufmerksam genug. Das Geld, das du verdient hast, war ausreichend. Die Menge an Liebe, die du geben konntest, war erfüllend. Und die Menge an Energie, die du dafür aufgebracht hast, alles bestmöglich zu machen, war gut investiert. Du musst nicht mehr suchen, nicht noch mehr tun, noch mehr haben oder sein. Du musst nicht mehr müssen.

Wie fühlt es sich an, das zu lesen? Befreiend? Erleichternd? Oder unglaubwürdig? Kannst du den Gedanken annehmen, nicht mehr zu *müssen?* Die meisten erwidern wohl: Das klingt ja toll, aber wir müssen doch so vieles! Jeden Tag! Und Millionen Menschen drückt das Gefühl des Müssens tatsächlich schon vor dem Aufstehen nieder. Zäh und mühsam zwingen sie sich aus dem Bett, dann ins Bad. Müssen Zähne putzen, müssen duschen, müssen sich anziehen, müssen Kaffee kochen, müssen die Kinder wecken, alle satt machen, dabei die Nachrichten lesen und die ersten E-Mails beantworten – und dann das Chaos aufräumen, das in dieser Dreiviertelstunde in der Wohnung bereits entstanden ist. Dann müssen sie alle ins Auto stecken, sich durch den Frühverkehr drängen, die Kinder bei Laune halten und noch schnell beim Paketdienst vorbeifahren. Die Kleinen ohne schlechtes Gewissen in der Kita abgeben, die Großen für die neue Schularbeit motivieren, und dann noch rechtzeitig im Büro ankommen. Sie müssen schnell sein – aber dabei gelassen bleiben.

Müssen die Eigenheiten der KollegInnen ertragen, auch zu den unfreundlichen KundInnen noch freundlich sein. Müssen nach den Regeln spielen – doch dabei bitte ja nicht einfach Dienst nach Vorschrift machen. Sie müssen produktiv sein und vollauf begeistert von der Sache. Und dann müssen sie alles rückwärts abspulen: die Kinder abholen und sich durch den Abendverkehr drängen. Noch schnell beim Supermarkt vorbeifahren und einkaufen. (Aber bitte nachhaltig, ökologisch, ethisch einwandfrei und trotzdem im Budget.) Danach zu Hause kochen und den Kindern ein pädagogisch wertvolles Programm bieten. Dem Partner ein offenes Ohr schenken und die eigene Mutter zurückrufen. Daneben die vielen WhatsApp- und Sprachnachrichten beantworten, und dann: Sport treiben! Puh, echt jetzt? Okay, dann wenigstens noch ein bisschen Yoga machen. Oder endlich das Buch lesen, das schon so lange auf dem Nachttisch wartet? Und spätestens morgen wirklich mal mit dem Meditieren beginnen. Und Sex, ah ja, genau, das wär ja auch mal wieder schön … Und danach unbedingt die ganze Nacht tief und fest durchschlafen, um morgen wieder fit zu sein.

Bäm! Täglich grüßt das Müssentier. Und nachts? Da lauert es unter der Matratze und wälzt sich von einer Seite zur anderen. Denn wenn ein Tag voll Müssen vorbei ist, dann kriecht es hervor und erinnert uns Menschen daran, was wir eigentlich alles *wollten,* während wir damit beschäftigt waren zu *müssen:* Wir wollten uns glücklich und geliebt fühlen. Wollten bessere, bewusstere Eltern sein und attraktivere, ehrlich miteinander verbundene Partner. Wollten mehr Zeit für uns und mehr Sinn im Leben haben. Doch wann? Der Puls der Zeit schlägt viel zu hektisch, und während wir einschlafen sollten, rasen Gedanken und Herz im Stresstakt weiter … Wach und unruhig greifen viele wieder zum Smartphone. Um zu vergessen und nicht mehr spüren zu müssen, was ihnen fehlt. Sie lassen sich im dunklen Zimmer blenden: sehen in den sozialen Medien, wie viel Glück offenbar alle anderen haben und wie leicht ihnen anscheinend alles fällt, während die

Nachrichten sie zugleich daran erinnern, wie schwer der Schmerz der Welt wiegt, den wir als Gesellschaft immer noch nicht zu stillen bereit sind. Und ihr Herz wird eng und ihr Geist wird müde, denn trotz all des Müssens und des Strebens und des Tuns sind sie immer noch nicht in Sicherheit, sind sie immer noch nicht genug – und scheinbar unendlich weit weg von dem freien, erfüllten Supermenschen, der sie eigentlich sein sollten.

 # Im Müssen verliert der Mensch sein wahres Menschsein.

Es ist zermürbend. Die Sehnsucht danach, auszubrechen, sich neu zu erfinden und endlich zu wissen, wer wir sind und wozu wir geboren wurden, ist riesengroß. Wir besuchen Berufungs- und Selbstfindungsseminare. Wir wollen eine Antwort auf diese große Frage und glauben, all unsere Sorgen lösten sich in Luft auf, wenn wir sie nur endlich gefunden hätten. Doch ein erfülltes Leben in der eigenen Berufung ist nicht der erste, sondern einer der letzten Schritte des Weges. Etwas, das erst dann möglich wird, wenn vieles andere geklärt ist: Denn solange wir mit uns selbst, unserem Alltag und unserer Familie im Argen sind, solange wir ständig im inneren Konflikt leben und uns unzufrieden und ängstlich fühlen, solange ist das Thema Berufung noch nicht dran. Wenn wir noch Zeit und Raum brauchen, um Wunden zu heilen oder schlechte Gewohnheiten oder alte Suchtstrukturen in unserem Leben zu überwinden, dann ist da schlichtweg noch keine Energie für die große Selbstentfaltung. Kurz: **Wenn wir noch in unseren alten Mustern gefangen sind, sind wir noch nicht bereit für einen Neuanfang.**
Daher lass uns vorne beginnen. Gehen wir den Weg der Klarheit Schritt für Schritt. Jedoch ohne Leistungsziel, ohne Druck und ohne Erreichungswahn. **Denn du musst wirklich nicht mehr müssen!** Schon gar nicht, wenn es um dein persönliches Wachstum geht. Den Druck, den unsere Gesellschaft auf Erfolg und

Status gelegt hat, hat sie leider nun auch auf den Bereich der Persönlichkeitsentwicklung übertragen. Und das ist brandgefährlich! Nicht nur, weil ein Zuviel an (wohlgemeintem) Input nur noch mehr Verwirrung und Unklarheit in uns schürt, sondern auch, **weil wir auf dem Weg zum Supermenschen den *wahren Menschen* in uns aus den Augen verlieren.**

In dem Irrglauben, dass unsere inneren Qualitäten wie Geduld, Mitgefühl und Freundlichkeit gegenüber uns selbst und anderen uns auf unserem Weg bremsen könnten, werfen wir unsere gesunde Basis über Bord. Wir wollen höher, schneller und weiter hinaus und gehen viel zu hart mit unseren »Fehlern« ins Gericht. Weil wir befürchten, mit wachsamer Beobachtung, Aufmerksamkeit und Verständnis nicht zum Ziel zu kommen, denken wir, dass wir härtere Bandagen brauchen – und wechseln in die Manipulation: Liebesentzug etwa, über den wir später noch mehr lernen werden, ist eine der gängigsten Waffen, um jemanden dazu zu bringen, unseren Vorstellungen zu folgen. Und wir halten uns diese Waffe selbst an die Brust:

Wir entziehen uns unseren Eigenrespekt und unsere Eigenliebe, um uns noch härter anzutreiben, überschreiten Grenzen und verletzen uns selbst und andere.

In diesem Zustand sind wir meist beides: Opfer und Täter zugleich. Die emotionale Kälte, die wir erfahren, geben wir dann weiter. Den Druck, unter dem wir leiden, übertragen wir auf andere. Die Ohnmacht, die wir spüren, schürt unsere Aggression. Jede Aggression, die wir weitergeben, reißt alte und neue Wunden in uns und den anderen auf. Es ist eine sich nach unten drehende Spirale, die gerade in unsicheren Zeiten des Wandels eine noch stärkere Dynamik bekommt. Und das strengt so sehr an. Die wahre Kraft fehlt – und echter Fortschritt bleibt aus. Überall begegnen wir dann Menschen, die gestresst und unglücklich gefangen sind in dem, was ich die *Muster des Müssens* nenne. Bis wir selbst erkennen, was auch die Kernthese unserer Regel #1 besagt:

 # Je schwächer dein Selbstwert ist, desto mehr bist du in den *Mustern des Müssens* gefangen.

Ich definiere unsere *Muster des Müssens* als Käfig aus falschem Druck und falschen Pflichten, die dem Leben seinen Atem und der Seele ihre Energie nehmen. Sie sind ein emotionales Gefängnis aus Verhaltensmustern, die uns einerseits anerzogen wurden und die wir uns andererseits selbst angeeignet haben. Nicht nur um den komplexen Alltag zu bewältigen, sondern auch um in unserem Umfeld willkommen zu sein und hoffentlich anerkannt und geliebt zu werden.
Aus diesem zutiefst menschlichen Bedürfnis nach Sicherheit und sozialer Nähe heraus folgen wir Mechanismen, die uns vom Menschen zur Maschine machen. Zu einem Wesen, das als Rad im Rad mitläuft und gehorsam seine Pflichten erfüllt. Das hat natürlich auch positive Aspekte. Wir brauchen das Miteinander und das Sich-aufeinander-verlassen-Können unbedingt. Und es ist ganz klar: Eine funktionierende Gesellschaft braucht funktionierende Menschen, wie wir es gerade in Krisenzeiten ganz deutlich erleben. Doch es ist an der Zeit, einen Schritt weiterzugehen, die Evolution voranzutreiben und uns nach einem neuen Credo auszurichten, das da heißt:

 # Eine gesunde Gesellschaft braucht gesunde Menschen.

Eine Gesellschaft, die nicht länger ferngesteuert und herzlos lebt, braucht Menschen, die ihre Aufgaben nicht länger gestresst und seelenlos abarbeiten, sondern die ihre Funktion mit Engagement und Sinn ausfüllen. Die sich selbst erkannt haben und bereit sind, ihre Stärken einzubringen. Doch was hindert uns daran?
Wenn wir uns seine wahre Natur ansehen, können wir sagen: **Der Mensch *ist* Freiheit.** Er ist so lange stark und sicher, bis sein Wil-

le gebrochen wird. Er ist frei, bis er seine Macht über sich selbst verloren oder abgegeben hat und sich stattdessen verängstigt an Illusionen und falsche Sicherheiten klammert. Dies geschieht meist, bevor wir überhaupt rational denken können: **In unseren ersten acht Lebensjahren speichern wir alles ungefiltert ab, was uns widerfährt.** Unser Gehirn arbeitet in diesem Alter noch nicht im analytisch-reflektierenden Bereich, sondern baut sozusagen die Basis auf, auf der es später die Welt und die Erfahrungen in ihr einschätzen und einordnen wird. In dieser Phase agiert das Gehirn primär im Feld der langsamen Frequenzen des Thetabereichs (3–8 Hz),[iii] in denen wir sehr kreativ sind und zugleich weit offen und hochempfänglich für Konditionierung und unterbewusste Programmierung. Es ist ein Zustand, den wir Erwachsene zum Beispiel in Trance, tiefer Meditation, im Traum oder im Übergang zum Schlaf erleben. In den ersten Lebensjahren jedoch ist dies unser Normalzustand – und in diesem Zustand webt sich in uns ein Bild der Wirklichkeit, inklusive unserer Vorstellung von Sicherheit und Liebe, von Gefahr und Ablehnung. Es entsteht unser inneres Grundmuster, sozusagen unsere innere Basis-Software. Ein zu oft gehörtes »Du bist so anstrengend« oder ein stetiges »*Natürlich* hast du wieder etwas Dummes gemacht!« und ein tägliches »Was ist denn jetzt schon wieder?«, wenn das Kind Aufmerksamkeit und Zuwendung sucht, verletzen und reißen Selbstwertwunden in uns auf, die mit jeder Erfahrung in dieser Richtung tiefer werden.

Jeder, der selbst ein Kind zu erziehen oder zu betreuen hat, weiß, dass es schier unmöglich ist, allen Freiheitswünschen und Durchsetzungsfreuden der Kleinen nachzukommen. So bedürfnisorientiert wir gegenüber dem Kind auch sein möchten, es gibt immer auch unsere eigenen Bedürfnisse, die Bedürfnisse der Gruppe und die Herausforderungen des Tages, die manchmal einfach keine Energie mehr für achtsames Einfühlen übrig lassen.

Daher sind Verletzungen unvermeidlich. Wir alle tragen sie in uns: Denn auch unser kindlicher Wille und unsere intensiven kindlichen Bedürfnisse konnten nicht immer gesehen oder gar erfüllt werden. Auch wir wurden in unseren starken Emotionen zu wenig begleitet und zu oft dafür zurechtgewiesen. Unser Ja oder unser Nein wurde oft übergangen, hintangestellt oder nicht ernst genommen. Und wenn wir heute als Erwachsene unter Druck stehen, fallen wir zurück in diese ursprünglich in uns angelegten Programme und Muster, fühlen uns schwach und unsicher – und verstecken oder verteidigen uns. In diesem Zustand agieren wir unbewusst und fügen anderen mit unserem Verhalten oft dieselben Wunden zu, die auch in uns bluten. Und die Spirale dreht sich weiter nach unten.

Du kannst es an dir selbst wachsam beobachten: Sobald du in Stress gerätst, werden deine inneren Selbstwertwunden aktiviert und du agierst nicht mehr als bewusster, achtsamer Mensch, sondern wirst von deinen inneren Mustern gesteuert – und fällst in das *Denken im Müssen-Modus.*
Um diese destruktive Dynamik in unserem Leben anzuhalten und **umzukehren, ist der erste Schritt der, erkennen zu lernen, wenn wir in diese unbewusste Zone unserer Muster und Prägungen rutschen – und gegenzusteuern.**

 # Jede Wunde prägt ein Muster. Jedes Muster prägt dich.

Heinz-Peter Röhr fasst in seinem Buch *Die Kunst, sich wertzuschätzen*[iv] die drei größten Selbstwertwunden als »geheime Programme« zusammen. Sehen wir sie uns an:

Die Selbstwertwunden

1. Ich bin nicht willkommen
2. Ich genüge nicht
3. Ich bin zu kurz gekommen

zeigen sich auch in vielen weiteren Varianten wie:

- Ich bin wertlos
- Ich bin ein Verlierer
- Ich bin das schwarze Schaf
- Ich will Kind bleiben
- Ich habe kein Recht auf eine Meinung
- Ich habe kein Recht auf meine Gefühle
- Ich habe kein Recht auf Freude
- Ich bin arm
- Ich bin schuldig
- Ich bin ausgeliefert.

Tief eingewoben in unser Welt- und Selbstbild prägen sie unsere *Muster des Müssens* und damit unser ganzes Leben. Sie sind unsere wunden Punkte, die uns immer wieder irritieren und emotional herausfordern. Sie können so stark sein, dass sie uns daran hindern, unseren Weg zu gehen und uns aus schlechten Gewohnheiten oder Situationen zu lösen, denn sie binden uns an Gefühle von Angst, Scham und Misstrauen. Und wir verlieren immens viel Kraft dabei, diese Wunden im Verborgenen zu halten. Sie hinter emotionalen Masken zu verstecken, uns stark und unverwundbar zu geben – und uns mit Gegenprogrammen und dem *Denken im Müssen-Modus* durchs Leben zu peitschen.

Das *Denken im Müssen-Modus* befiehlt uns:

- Ich muss viel für Liebe tun.
- Ich muss erfolgreich sein.
- Ich muss perfekt sein.
- Ich muss anerkannt werden/mich beweisen.
- Ich muss helfen/mich um andere kümmern.
- Ich muss mich anpassen/entsprechen.
- Ich muss viel haben.
- Ich muss unauffällig bleiben.
- Ich muss alles alleine schaffen.

- Ich muss immer stark sein.
- Ich muss die Verantwortung übernehmen.
- Ich muss alles kontrollieren.
- Ich muss vorsorgen, horten und sammeln.

Und vieles mehr.

Diese Antreiber sind machtvoll und führen zu vielen Zielen, doch sie entfernen uns mehr und mehr von unserem wahren Wesen. Sie bestimmen über unsere Entscheidungen, unsere Prioritäten, unsere Arbeitspläne und – wenn wir sie nicht überwinden – schließlich über unsere gesamte Lebensgestaltung. Oft werden wir damit sogar sehr erfolgreich, doch selten zu der freien, authentischen Persönlichkeit, die wir wirklich sein möchten. Und weil wir darunter leiden, weil uns dabei etwas enorm Wichtiges fehlt, kompensieren wir: Konsum- und Kaufsucht[1] sind in unserer Gesellschaft omnipräsent. Wir missbrauchen Alkohol, Drogen[2], Medikamente[3], die Natur, andere Menschen und uns selbst. Folgen krankhaften Schönheitsidealen[4] und fremden Lebensmodellen, sind abhängig von Ablenkung, Stress, Dauerkommunikation und virtueller Anerkennung – und versuchen damit, unseren Selbstwert zu reparieren. **Und das ist menschlich.**

Es ist ganz, ganz wichtig, dass du deine *Muster des Müssens* und ihre Auswirkungen nicht als einen »Fehler« oder eine »falsche Programmierung« siehst, die du »einfach ändern« kannst und sollst. Das löst nur noch mehr Druck aus. **Erkenne dein *Denken im Müssen-Modus* als einen Schutzmantel, den du dir völlig zu Recht und mit den besten Absichten für dein (Über-)Leben angelegt hast. Und kein Mensch darf von dir erwarten, dass du all diesen Schutz über Nacht »wegprogrammierst«.** Und noch weniger, dass dir das gelingen muss, indem dir lediglich einmal kurz erklärt wurde, warum dieses Denken vermutlich entstanden sein könnte. Das verleugnet die Wunde, die darunter liegt und die Heilung braucht. **Und Heilung geschieht nicht, weil dir jemand etwas erklärt, sondern Heilung ist dein innerer**

Prozess, den du in deinem eigenen Tempo gestaltest und erlebst.

Darum werde ich dir in jedem Kapitel verschiedene Übungen mitgeben, die dich vom Wissen und Verstehen ins Erfahren und Verkörpern bringen können – und die dir den Raum geben, deine neue Klarheit sozusagen in Fleisch und Blut übergehen zu lassen und deine Heilung bewusst zu gestalten.

Bleib also stets und gerade in herausfordernden Zeiten geduldig, liebevoll und freundlich dir und deiner Geschichte gegenüber. **Denn unter Druck und Verurteilen wird der Schmerz nur taub, nicht heil.** Und alles, was wir betäubt und stumm gemacht haben, das wird spätestens dann geweckt und laut, wenn wir plötzlich mit Veränderung, großen Herausforderungen und den wichtigen Fragen des Lebens konfrontiert werden. Denn jede Wunde will versorgt werden – und uns in unserer Tiefe mit unserer Wahrheit verbinden. Und diese Wahrheit ist es, die uns schließlich frei macht. Daher lade ich dich ein, in deine Tiefe zu blicken.

In meiner Tiefe liegt Klarheit
Meine Selbstwertwunden

Lies dir die Liste der Selbstwertwunden noch einmal ganz aufmerksam durch und markiere jene Sätze, die etwas in dir berühren. Sie sind sehr wahrscheinlich wichtige Puzzlestücke in deinen inneren *Mustern des Müssens,* die dich unbewusst antreiben und die dich im Alltag oft von deiner wahren Klarheit und Kraft trennen.

Sie zu kennen und benennen zu können, hilft dir, dir ihrer bewusst zu werden und zu bemerken, wenn sie dich steuern und lenken.
Um dir das zu erleichtern, notiere hier all die Selbstwertwunden und Gegenprogramme, die du in dir entdeckt hast:

Notizen:

____

____

____

Übertrage sie, wenn du möchtest, auch in dein Klarheits-Cluster #1 am Ende dieses Kapitels.
So bringst du sie in dein Bewusstsein und damit auch mehr Klarheit in deine *Muster des Müssens.* Und das kann entscheidend sein, denn:

#Wer deine *Muster des Müssens* dominiert, der dominiert dein Leben.

So wie uns unsere Programme von innen heraus steuern, so beeinflussen Situationen, Umstände und Menschen uns von außen: indem sie uns beherrschen, überbieten und manipulieren wollen. Berühren sie dabei unsere Selbstwertwunden und treiben sie uns in unser *Denken im Müssen-Modus,* sind wir in die Falle gegangen. Das kann ganz plakativ geschehen, indem wir einem dominanten Menschen gefügig Folge leisten, obwohl wir gar nicht wirklich wollen (»Es ist gar keine Diskussion, ob wir das jetzt so machen. Punkt.«), oder ganz subtil, indem wir emotional gelenkt und manipuliert werden (»Du weißt, ich mag dich ja wirklich gern, aber …«). Druck und unterschwellige Manipulationen machen es schwer, sich frei zu entfalten und für sich selbst einzustehen. Sie drängen uns in eine Richtung, die für die anderen gewollt, für uns aber oft leer, einsam und unglücklich ist.
Daher frage ich dich: **Für wen lebst du?** Für wen triffst du deine Entscheidungen? Für wen musst du so viel müssen?
Vermutlich fallen dir gleich mehrere Personen oder Situationen ein, die dich ins Müssen bringen. Verurteile dich dafür nicht, das

ist völlig normal. Solange wir nicht als Insel leben, leben wir *für* und *mit* unseren Partnern, Kindern, FreundInnen, der Familie, den KollegInnen und der ganzen Nachbarschaft. Wir sind ein Teil eines sozialen Gefüges und eingewoben in Abläufe und Verantwortlichkeiten, die das Zusammenleben ermöglichen, stabilisieren und oft auch sehr schön machen.
Darum möchte ich dir diese wichtige Frage noch einmal neu stellen:

- **Für wen lebst du in Liebe?**
- **Für wen lebst du im Leid?**

Manchen Menschen dienst du vermutlich sowohl in der Liebe als auch im Leid. Jede Partner- und Freundschaft durchläuft auch schwierige Zeiten. Jedes geliebte Kind (über-)fordert uns auch manchmal. Doch ein Leben in Liebe ist sowohl ein Geben als auch ein Nehmen, sowohl ein Müssen als auch ein Wollen. Ein Leben in Liebe ist kein Leben ohne Pflichten und lästige Aufgaben, sondern ein Leben im gesunden Miteinander, das Kraft gibt, um die Höhen und Tiefen des Alltags zu meistern.
Wo aber dieser wichtige Ausgleich der Wertschätzung und Anerkennung kaum oder gar nicht mehr stattfindet, wo deine eigenen Grenzen vom Gegenüber überschritten werden und wo offensive oder subtile Ohnmacht und Aggression entstehen, da leben wir im Leid für jemanden. Da haben wir unsere Macht abgegeben oder verloren. Da leben wir in einem Wechselspiel aus Abhängigkeit und Dominanz, das wir durchbrechen wollen. Denn:

 # Verletzte Grenzen führen zu Ohnmacht und Aggression. Gesunde Grenzen hingegen zu Selbstbestimmung und Kraft.

Daher schau in ehrlicher Klarheit noch etwas genauer in deine Lebenssituationen.

Meine neue Ehrlichkeit

Für wen lebe ich?

Notiere hier all die Menschen und Situationen, für die du in Liebe oder für die du im Leid lebst.

Ich lebe in Liebe für:

____

____

____

____

Ich lebe in Leid für:

____

____

____

____

Wie ist das Verhältnis zwischen beiden Ebenen? Gibt es Menschen und Situationen in deinem Leben, die besonders hervorstechen? Die dir besonders viel zurückgeben und dich aufbauen? Und solche, wo du vor allem schwächende Dominanz oder Abhängigkeit spürst?

 # Lass das Wunder der Wertschätzung wirken.

Meine Anregung für dich ist, den Menschen, für die du in Liebe lebst, noch bewusster, dankbarer und aufmerksamer zu begegnen. Die Zeit, die du mit ihnen verbringen darfst, noch intensiver wahrzunehmen und dieses Miteinander als aktive Kraftquelle in deinem Leben zu erkennen. Je einsamer und gehetzter wir durch das digitalisierte Leben sind, desto wertvoller sind diese Zonen des Auftankens und der Gemeinsamkeit. Erkenne diese Menschen als deinen heiligen Zirkel, als deinen Herzens-Schutz und als die Möglichkeit, dich immer wieder darauf zu besinnen, dass Liebe, Freude und Freundlichkeit die größten Energiegeber sind. **Die Aufgaben des Alltags werden dadurch nicht weniger oder leichter, aber *du* wirst stärker.**

Wenn es für dich stimmig ist, dann gib diese Dankbarkeit und Freude weiter: Überlege dir eine Überraschung oder schöne Unternehmung, schreibe eine wertschätzende Karte oder einen Brief, suche schöne Blumen aus oder tue etwas Kreatives für sie – und das Wunder der Wertschätzung wird dafür sorgen, dass sich nicht nur die kostbaren Menschen in deinem Leben geehrt fühlen, sondern dass auch du dich noch verbundener und erfüllter fühlst.
Daher: Was möchtest du noch heute tun, um deine Dankbarkeit und Wertschätzung zu zeigen? (Tipp: Es darf auch gerne mehr als eine WhatsApp sein.)

 # Verändere dich und du veränderst alles.

Auf der anderen Seite stehen da vermutlich auch die Namen jener Menschen, die Leid erzeugen und Salz in deine Selbstwertwunden streuen. Mit ihnen führen wir häufig Beziehungen, die von privaten oder beruflichen Verlustängsten, (scheinbaren) Abhängigkeiten oder altem Schmerz zusammengehalten werden.
Hier gilt es, mit Vorsicht und Klarheit zu beobachten, woher die

Abhängigkeiten oder Schmerzen, das Unwohlsein oder das erdrückende Pflichtgefühl tatsächlich kommen. Durch die oft enge Verbindung ist es wichtig, nicht vorschnell zu agieren. Keine Brücken niederzureißen, die du vielleicht nie mehr aufbauen kannst. Richte stattdessen deinen Blick der neuen Ehrlichkeit nicht auf die Taten der anderen, sondern in deine Tiefe. Finde *in dir* den Schlüssel zur Lösung. Denn nichts kannst du so bewusst und so erfolgreich verändern wie dich selbst – und das verändert alles.

 # Für andere zu denken, führt in die Irre. Für andere zu fühlen, in die Hölle.

Ich möchte dir etwas erzählen: Eine Frau Mitte 50, Mutter von 3 Kindern, engagiertes Dorfmitglied und Krankenpflegerin, kam zum Psychiater. Depressiv und kraftlos war sie ein Schatten ihrer selbst. Der Arzt erkundigte sich nach ihrem Befinden und ihrer Geschichte. Die Frau gab Antwort und sagte schließlich: »Wissen Sie, ich möchte es einfach allen recht machen.« Der Psychiater sah sie an, schwieg, zeigte zur Tür und sagte dann: »Mein Wartezimmer da draußen wäre leer, wenn die Menschen aufhören würden, es jedem recht machen zu wollen – außer sich selbst.«
Der Arzt spricht hier gewiss für Millionen Menschen. Doch was kann diese Frau tatsächlich tun? Was kann sie ändern? Die Ansprüche und Bedürfnisse der anderen? Nein. Aber sie kann ihre eigene Haltung, ihre Positionierung im Leben und ihre Abgrenzung ändern.
Mitgefühl und Empathie sind zweifellos sehr, sehr kostbar und ein wesentliches Merkmal eines gesunden, aufrechten Menschen, denn sie machen uns einsichtig, aufmerksam und liebevoll. Doch fehlt dem Mitgefühl die Klarheit, dann reduziert es die Situation oft auf etwas Irreführendes: auf unsere Gefühle.
Gefühle sind die Sprache unseres Körpers und damit ein wichtiges Instrument, doch sie sind nur *ein* Instrument. **Geben wir unseren Gefühlen zu viel Aufmerksamkeit, trüben sie unseren Blick – und wir laufen Gefahr, die objektive, klare Perspektive zu verlieren.**

Wenn es darum geht, unsere *Muster des Müssens* zu erkennen und uns von ihnen zu lösen, spielen überbetonte Empathie und unklare Gefühle eine große Rolle. Denn hinter einem stillen »Das muss ich jetzt trotzdem machen« oder einem »Dafür muss ich jetzt einfach Verständnis haben« steht ein gefügig gemachtes Kind, das unter dem Deckmantel des Mitgefühls ins Funktionieren für die anderen gedrängt wurde.

Bringen wir diese verzerrte Sicht der Empathie wieder in die Klarheit, wird aus *gefügiger Empathie* das *selbstwirksame Mitgefühl*. Dann können wir die Wünsche und Äußerungen unserer Mitmenschen anders wahrnehmen. Können ihre Bedürfnisse und Anforderungen in einen größeren Zusammenhang stellen – und uns freier entscheiden, wie wir künftig mit diesem emotionalen Druck umgehen wollen. Ob wir ihm/ihnen wirklich entsprechen, helfen und sogar selbst aktiv werden möchten, oder (dieses Mal) nicht.

Daher unterscheide ich zunächst diese zwei Formen des Einfühlungsvermögens: die *gefügige Empathie* und das *selbstwirksame Mitgefühl*.

Gefügige Empathie vs. selbstwirksames Mitgefühl

Gefügige Empathie	*Selbstwirksames Mitgefühl*
Schwäche	**Klarheit**
Konzentriert sich im Gespräch voll und ganz auf das Gegenüber oder eine Gruppe und wird von ihm/ihr vereinnahmt.	Konzentriert sich auf das Gegenüber und zugleich auf sich selbst und die Gesamtsituation, in der das Gespräch stattfindet. Das Gesagte wird in einen größeren Zusammenhang gestellt.

Ist selbst voll identifiziert mit dem Leiden oder den Bedürfnissen des anderen und stürzt sich in seine Situation.	Nimmt das Leid oder die Bedürfnisse wahr, reagiert unterstützend, bleibt jedoch mental und energetisch abgegrenzt.
Geht für die Bedürfnisse anderer (weit) über die eigenen Grenzen hinaus.	Unterstützt im realistischen Ausmaß und sucht den schnellstmöglichen, erfolgversprechendsten Weg, auf dem das Gegenüber wieder ohne Fremdhilfe bestehen kann.
Erzeugt gegenseitige emotionale und/oder materielle Abhängigkeit.	Lässt jeden in seiner Verantwortung und folgt klaren Regeln und festgelegten Vereinbarungen.
Ist enttäuscht, wenn für die aufgebrachte Empathie »nichts zurückgegeben« wird.	Ist weniger involviert und weniger bedacht auf emotionale Anerkennung.
Reagiert sofort und jederzeit. Ist übereifrig und damit überaktiv.	Sucht den richtigen Zeitpunkt, um sich einzubringen. Erkennt auch, wenn Nichtstun oder Schweigen die beste Art zu helfen ist.
Wird sehr oft ausgenutzt.	Setzt gesunde Grenzen.
Basiert oft auf unangenehmen Schuld- und Pflichtgefühlen.	Basiert auf einer bewussten Entscheidung, die erwachsen vertreten wird.
Will die Wunden anderer heilen.	Erkennt die Wunden anderer und die eigenen an und bleibt in freundlicher, lösungsorientierter Aufmerksamkeit, die dem größeren Wohl aller dient.
Gefällt sich in der Helferrolle und braucht Hilfesuchende um sich.	Wägt stets den Grad der nötigen Fürsorge ab und zieht weniger bedürftige Menschen ins Leben.

Hat selbst Angst vor emotionaler Zurückweisung.	Hilft und gibt aus einer aufmerksamen Haltung heraus und bleibt emotional stabil.
Ist in vielen Religionen und Kulturen moralisch verankert und wird vor allem den Frauen anerzogen.	Ist ethisch, aber nicht moralisch.

Wo erkennst du dich wieder?

- Welche Form der Empathie lebst du häufiger?
- Nimmst du den Unterschied zwischen den beiden Arten des Mitgefühls wahr?
- Spürst du die Stärke und Klarheit, die vom *selbstwirksamen Mitgefühl* ausgehen?

 # *Selbstwirksames Mitgefühl* kennt kein manipuliertes *Müssen.*

Es ist ein authentisches Dasein für andere, eine resiliente, offene und liebevolle Art und Weise zu helfen, die zugleich immer die Freiheit und Eigenverantwortung von allen im Blick behält. Auch deine eigene.

Doch unsere Kultur hat uns anders geprägt. Sie hat uns gelehrt, dass wir bereit sein müssen, uns aufzuopfern – im Extremfall bis zum Tod. Doch tot sind wir sehr schlechte UnterstützerInnen. Kraftlos und überbelastet ebenso.

Ich war so lange eine Sklavin meiner *Muster des Müssens,* meiner Ängste, meiner falschen Verantwortlichkeiten und meiner übersteigerten Erwartungen an mich selbst und meine Leistungen. Ob mein Umfeld bemerkt hat, dass ich darunter leide? Die wenigsten. Die meisten sahen nur eine ehrgeizige junge Frau und fanden vieles toll, was ich tat. Klar, denn die meisten dieser Muster und Gegenprogramme sind gesellschaftlich sehr anerkannt:

Engagiert sein, perfekte Ergebnisse erzielen wollen, alles und jeden im Blick haben – das ist doch großartig. Oder?
Ich sage nach wie vor: Ja, das ist es. Doch es ist so lange zerstörerisch, bis wir lernen, es aus der richtigen Haltung, dem richtigen Antrieb heraus zu tun.

Eines Tages hörte ich den Satz: »**Du hast genug gedient**« – und er war für mich wie ein Befreiungsschlag. Darum möchte ich auch zu dir sowie jedem Menschen, der sich in zwischenmenschlichen Situationen nur schlecht selbst schützen und abgrenzen kann, sagen: »Du hast genug gedient.«
Du darfst für dich aufstehen und liebevoll aussteigen aus dem Kreislauf von Opfer- und Tätersein, von Abhängigkeit und Dominanz. Du darfst die *Muster des Müssens* als ein Spiel von Macht und Ohnmacht erkennen, das es allen Beteiligten unmöglich macht, authentisch und erfüllt zu sein – und nicht mehr mitspielen.

 # Erniedrige dich nicht. Es raubt dir die Klarheit.

Immer wenn du:

- deine gesunden Grenzen überschreitest,
- eine übertriebene Helferhaltung einnimmst, oder
- dir dein Recht auf ein Nein und deine Selbstbestimmung aberkennen lässt,

dann fehlen dir dein *selbstwirksames Mitgefühl* und deine Klarheit über deine eigenen, wahren Bedürfnisse.
Ziemlich sicher hat dein Körper auf etwas mit (vielleicht auch subtilem) Stress reagiert und ist für dich in den Flucht-Modus gewechselt. Und das ist sein evolutionär erlerntes Recht. Sei dankbar, dass deine Instinkte funktionieren und dich schützen wollen, doch erinnere dich daran, dass du unter Stress in deinen Selbstwertwunden getriggert wirst und dann nicht mehr frei, sondern in deinen *Mustern des Müssens* denkst und handelst. Halte also

kurz inne, nimm ein paar tiefe, volle Atemzüge, nimm deinen Körper und den Raum rund um deinen Körper wahr und verlasse innerlich bewusst wieder die erniedrigte Rolle, in die dich dein Stress gebracht hat. Finde dich selbst – und damit auch wieder zurück zur Klarheit und in deine persönliche Handlungsfreiheit, die du nun von Regel zu Regel stärken wirst.

Überhöhe dich nicht. Es verwehrt dir die Klarheit.

Genauso sind wahre Erfüllung und Freiheit unerreichbar für dich, wenn der Druck des Lebens dich dazu antreibt, dich im Unrecht über andere zu stellen. Wenn du im Stress nicht in den Flucht-, sondern in den Kampf-Modus wechselst und versuchst:

- falsche Stärke zu demonstrieren,
- andere zu manipulieren und zu unterdrücken, oder
- in den Teufelskreis aus Ohnmacht und Aggression einzusteigen und anderen deine eigenen Wunden zuzufügen.

Auch wenn diese Position manchen sicherer und machtvoller erscheint: Sie ist es nicht. Aggression und Angriff sind zwar eine Flucht nach vorne, aber trotzdem noch eine Flucht. Und die Unfähigkeit, sich der Situation angemessen zu stellen und mit einem wachen und klaren Bewusstsein zu handeln.

Diese Position ist sehr häufig, und daher fügen wir unseren zwei Formen des Mitgefühls nun noch eine dritte hinzu: die *verlorene Eigenempathie*.

Verlorene Eigenempathie ist ebenso ein Ausdruck von Überforderung und Stress. Um die eigenen Wunden zu schützen, wird eine Panzerung aufgebaut, die jedoch nicht nur nach außen verschließt, sondern auch den Zugang zu sich selbst, der eigenen Klarheit, der eigenen Wahrheit und den eigenen Heilungschancen verstellt. Beobachten wir die *verlorene Eigenempathie* an anderen, dann empfinden wir sie als hart, rücksichtslos, egoistisch und abstoßend. Sie ist höchst materialistisch veranlagt und oft aggressiv. Menschen, die das Gefühl für sich selbst und damit auch für alle anderen verloren haben, nennen wir heute oft Narzissten, doch auch wir selbst können in diese Rolle fallen, wenn wir glauben, uns durch Angriff schützen zu müssen.

Sehen wir uns die *verlorene Eigenempathie* als weitere Zerrform des gesunden, *selbstwirksamen Mitgefühls* genauer an, dann erkennen wir vieles.

Selbstwirksames Mitgefühl vs. verlorene Eigenempathie

Selbstwirksames Mitgefühl	*Verlorene Eigenempathie*
Klarheit	**Härte**
Konzentriert sich auf das Gegenüber und zugleich auf sich selbst und die Gesamtsituation, in der das Gespräch stattfindet. Das Gesagte wird in einen größeren Zusammenhang gestellt.	Hört sich selbst gerne reden und ist nicht offen dafür oder überhaupt fähig dazu, anderen zuzuhören und auf das Gegenüber einzugehen.
Nimmt das Leid oder die Bedürfnisse wahr, reagiert unterstützend, bleibt jedoch mental und energetisch abgegrenzt.	Ist blind für das Leiden anderer und beschuldigt vermeintlich Schwächere.
Unterstützt im realistischen Ausmaß und sucht den schnellstmöglichen, erfolgversprechendsten Weg, auf dem das Gegenüber wieder ohne Fremdhilfe bestehen kann.	Bietet keine Hilfe an, sondern stellt seine eigenen Vorhaben über alles.
Lässt jeden in seiner Verantwortung und folgt klaren Regeln und festgelegten Vereinbarungen.	Macht Menschen von sich abhängig und agiert ausbeuterisch.

Ist weniger involviert und weniger bedacht auf emotionale Anerkennung.	Wird aggressiv oder gar gewalttätig, wenn seine Wünsche nicht erfüllt werden.
Sucht den richtigen Zeitpunkt, um sich einzubringen. Erkennt auch, wenn Nichtstun oder Schweigen die beste Art zu helfen ist.	Lebt im Überaktionismus rund um die eigenen Projekte und Ziele.
Setzt gesunde Grenzen.	Beutet andere aus, um selbst zu profitieren.
Basiert auf einer bewussten Entscheidung, die erwachsen vertreten wird.	Basiert auf eigenen Verletzungen, die nicht geheilt wurden.
Erkennt die Wunden anderer und die eigenen an und bleibt in freundlicher, lösungsorientierter Aufmerksamkeit, die dem größeren Wohl aller dient.	Fügt die eigenen Wunden anderen zu.
Wägt stets den Grad der nötigen Fürsorge ab und zieht weniger bedürftige Menschen ins Leben.	Gefällt sich in der Machtposition und braucht Untertanen.
Hilft und gibt aus einer aufmerksamen Haltung heraus und bleibt dabei emotional stabil.	Hat Angst vor den eigenen Wunden.
Ist ethisch, aber nicht moralisch.	Ist unethisch und unmoralisch und wird vor allem Männern zugeschrieben.

Findest du dich auch hier wieder?

Gibt es Momente und Situationen, in denen du deine Klarheit nicht findest – und stattdessen in Härte agierst?

Denke dabei nicht in zu großen Extremen. So wie die *gefügige Empathie* uns beispielsweise dazu bringen kann, einen wöchentlichen verhassten Brunch über uns ergehen zu lassen, nur um die

Anerkennung und Zuneigung dieser Menschen nicht zu verlieren, so kann uns die *verlorene Eigenempathie* in Form von übertriebener Härte dazu antreiben, unseren Partner zu beleidigen, ihn als unzulänglich oder faul zu beschuldigen, nur weil wir gerade selbst dem Druck nicht gewachsen sind und uns selbst unzulänglich fühlen. Oder sie kann uns so missgünstig und geizig stimmen, dass wir nicht mehr bereit sind, zu helfen, nur weil wir selbst das Gefühl haben, zu kurz gekommen, nicht satt geworden zu sein oder nicht unterstützt zu werden.

 # Finde und *führe dein Feuer.*

Je nach persönlichem Temperament und Lebenserfahrung liegen unter Stress die Kampfeshaltung und Aggression näher als der Flucht-Modus und die Schwäche. Ich persönlich habe als Holz- und Feuernaturell schon oft hochentzündlich reagiert und bin mir bewusst darüber, dass ich in Zeiten von Überforderung und Druck zum verbalen Angriff tendiere. Doch auf meinem Weg der Klarheit habe ich erkannt, dass darunter Erschöpfung, Versagensangst und ein viel zu hoher Anspruch an mich selbst liegen, und ich kann heute ehrlicher damit umgehen und dafür sorgen, dass ich die Art der Unterstützung bekomme, die ich in dem Moment brauche. Das Schöne ist: Je länger und bewusster ich diesen Weg nun gehe, desto schneller kann ich erkennen, wenn ich von ihm abkomme und in meine *Muster des Müssens* zurückfalle – und dann neu zu meiner Klarheit zurückfinden. Und nur darum geht es: ums Erkennen und ums Einlenken. Immer und immer wieder. Das schleift den Diamanten.

Darum lade ich dich ein: Jedes Mal, wenn dich jemand mit manipulativem Liebesentzug lenken will, bleibe in deiner aufrechten, dich selbst wertschätzenden Haltung. Jedes Mal, wenn du mit Härte konfrontiert wirst, kehre zum *selbstwirksamen Mitgefühl* zurück, das nicht im Tunnelblick gefangen ist, sondern das

Ganze sieht. Und jedes Mal, wenn deine Mutter sagt: »Ich hätte es ja so gemacht, aber du wolltest ja unbedingt …«, oder eine Freundin meint: »Weil du so lange nicht zurückgeschrieben hast, musste ich ja …«, und erst recht, wenn dich jemand mit Lob à la: »Sie sind einfach die Beste in meinem Team, daher dachte ich, Sie könnten ja …« gefügig machen möchte, dann erkenne das Spiel mit deinen Selbstwertwunden, lege bewusst den Ball nieder und gehe einen Schritt zurück. Von dort aus darfst du all das freundlich-wachsam beobachten, dich von diesen schädlichen Verhaltensmustern lösen und damit deinen Selbstwert Tag für Tag stärker werden und weiter heilen lassen.

 # Wer seinen Selbstwert heilt, wird Selbstwirksamkeit ernten.

Selbstwert ist die Basis, die wir brauchen. Ganz egal, was oder wohin wir im Leben wollen. Darum möchte ich dir meine 5 Grundprinzipien mitgeben, die dich daran erinnern sollen, dass du jederzeit das Recht hast, deine *Muster des Müssens* zu verlassen und dich neu im Leben zu positionieren. Nimm sie in dich auf:

Die 5 Grundprinzipien des gesunden Selbstwerts

1. Ein starker Selbstwert ist mein Geburtsrecht. Ich bin auf dieser Welt willkommen und bin wertvoll, weil ich bin.
2. Sicherheit, Freude und Verbundenheit sind die natürliche Lebensordnung. Ich habe das Recht, sie wiederherzustellen.
3. Wenn ich mich für meinen eigenen Wert öffne, öffne ich mich für ein Leben in Fülle, Liebe und Gestaltungskraft.
4. Der Druck, mich unterzuordnen oder zu Unrecht zu überhöhen, entsteht aus Angst. Ich bin mir dessen bewusst und lerne, neu mit diesen Gefühlen umzugehen.

5. Ein Leben, frei von den *Mustern des Müssens*, schadet weder mir noch anderen. Es befreit mich und macht mich stark, um ein authentisches, erfülltes und gutes Leben zu führen. Ich darf loslassen.

Ich selbst schreibe Dinge, die ich verinnerlichen will, gerne von Hand in mein Journal und wiederhole die Sätze immer wieder. Vielleicht ist das auch etwas für dich. Zum Erinnern habe ich auf www.findeklarheit.de/buchdownloads diese 5 Grundprinzipien als schönes Wallpaper zum Downloaden oder Ausdrucken für dich gestaltet.

 # Erobere deine Macht zurück, still und stetig, und werde, wer du wirklich bist.

Ein starker Selbstwert bringt Selbstermächtigung. Um dich darin zu unterstützen, diese Macht zu dir zurückzuholen, habe ich klärende Übungen, stärkende Affirmationen und ein kraftvolles Flow Writing zur Visualisierung deiner neuen Freiheit von deinen *Mustern des Müssens* für dich vorbereitet.
Vielleicht bist du jetzt versucht zu sagen: »Ah, die Übungen brauche ich nicht. Ich habe alles verstanden.« Doch was haben wir nicht alles schon verstanden! Würde Verstehen alleine ausreichen, würden wir in einer völlig anderen, viel weiter entwickelten Welt leben. Doch der Verstand trügt uns. Er will, dass er die letzte und höchste Instanz ist, doch das führt im besten Fall in die Philosophie und im schlimmsten in den Krieg. Daher möchte ich, dass du diese Übungen als die essenziellen Zutaten siehst, die dir helfen können, in dich zu gehen und dort das zu finden, was du *wirklich* suchst. Ich verspreche dir: Es liegt nicht in deinen rastlosen Gedanken, sondern in deiner stillen Tiefe. Darum lade ich dich ein: Gib der kostbaren Tiefe deines Wesens die Chance, für dich und deine Klarheit zu wirken – und über das reine Verstehen zum Verkörpern zu gelangen.

Gerne begleite ich dich mit den Kurzerklärungen hier im Buch und den dazugehörigen kostenlosen Audio- und Videodateien, die du dir jeweils auf www.findeklarheit.de/buchdownloads holen kannst. Viel Freude dabei!

Klärendes Eintauchen #1:
Ich bedauere, dass …

Wenn wir etwas in einen Krug füllen wollen, müssen wir zuerst prüfen, ob dort überhaupt Platz für Neues ist. Daher wollen wir, bevor wir mit den aufsteigenden Affirmationen neue, positive Überzeugungen einbringen, das leeren, was deinen »inneren Krug« noch füllt: Das sind alte Wunden und die negativen Emotionen, die sie zurückgelassen haben.
Indem wir sie sehen, sie als das würdigen, was sie sind, und ihnen kurz den Raum geben, sich uns (noch einmal) zu zeigen, wird loslassen möglich. Wir schaffen Platz und einen offenen Zugang in uns, den wir nutzen können. Denn was wir gesehen haben, das darf auch wieder gehen – und wir können eine innere Wende einleiten, die uns wieder zur Dankbarkeit gegenüber uns selbst und unserer eigenen Stärke führt.

Nimm ein Blatt Papier und schreibe ganz frei alles nieder, was dir in den Sinn kommt zum Satz:
»Ich bedauere, dass …«
Hier ein Beispiel: Ich bedauere, dass ich nicht gesehen wurde. Ich bedauere, dass ich immer hintangestellt wurde und warten musste. Ich bedauere, dass mich niemand gelobt hat. Ich bedauere, dass ich …

Schreibe, ohne zu lange an einem Punkt zu verweilen, dein Bedauern nieder, und du wirst irgendwann spüren, dass du zu einem Wendepunkt gelangst. An diesem Wendepunkt hast du all das »rausgeschrieben«, was an Bedauern da ist, und kannst nun auf die Ebene der Dankbarkeit wechseln. Du fährst nun fort mit dem Satz:
»Ich bin dankbar, dass ...«
Zum Beispiel: Ich bin dankbar, dass ich doch immer an mich geglaubt habe. Ich bin dankbar, dass ich XY kennengelernt habe. Ich bin dankbar, dass ich die Kraft hatte, durchzuhalten ...
Und so weiter.

Diese Übung hilft dir dabei, alten Schmerz zu würdigen, deine Fähigkeit, Probleme zu meistern und Hürden zu überwinden, klar zu sehen und deinen Wert zu schätzen. Und sie schafft Raum in dir, um neue Überzeugungen anzunehmen.

Aufsteigende Affirmationen #1: *Ich bin wichtig*

Diese aufsteigenden Affirmationen sind neue Überzeugungen, die dich stärken und aufbauen können. Über die Wiederholung festigen sie sich in dir und können dir helfen, deine innere Basis zu stabilisieren. Lies oder höre dir die Worte dazu nicht nur an, sondern fühle dich ein, lass die Sätze in dir wirken und lass es zu, dass du wirklich spürst, wie sich die Aussagen anfühlen, wenn sie wahr sind.

Damit du diese aufsteigenden Affirmationen ganz effektiv nutzen kannst, habe ich ein Audiofile dazu für dich vorbereitet, das dich über deine Kopfhörer überallhin begleiten kann. Egal ob in der Straßenbahn, im Auto, beim Kochen, vor dem Einschlafen und jederzeit zwischendurch: Sie sind deine neue Tankstelle für gute Gefühle und Optimismus, die du ganz tief in dir ankommen und wirken lassen kannst und die dir helfen, deinen Selbstwert zu stärken und deine *Muster des Müssens* zu verlassen.

Auf www.findeklarheit.de/buchdownloads findest du den Audio-Download sowie ein Worksheet mit den Affirmationen zum Ausdrucken.

Ich bin wichtig

Ich bin willkommen. Ich bin wichtig. Ich bin gut, genau so, wie ich bin. Ich werde geliebt und angenommen. Ich bin es wert, gesehen und geachtet zu werden. Ich bin wichtig für andere. Ich bin wichtig für mich. Ich bin frei und sicher. Ich lebe in Fülle und habe alles, was ich brauche. Ich vertraue und bin optimistisch. Ich gehe aufrecht und selbstsicher. Ich atme ruhig und tief. Ich bin ganz bei mir. Ich erkenne die Situation so, wie sie ist. Ich habe immer die Möglichkeit zu wählen. Ich kann und darf Nein sagen. Ich kann und darf mein Recht einfordern. Ich kann und darf stark sein. Ich bin stark. Ich bin selbstsicher. Ich bin freundlich. Meine Meinung ist wertvoll. Meine Gefühle sind wichtig. Ich darf entscheiden. Ich darf um Hilfe bitten. Ich darf für mich einstehen. Meine Ziele sind es wert, verfolgt zu werden. Ich weiß, dass ich durch meine eigene Klarheit mehr Freiheit und Frieden in die Welt bringe. Ich weiß, dass ich Gutes tue, wenn ich mich in meinem Tempo und auf meine Weise entwickle. Ich sorge für mich. Ich achte mich und meine Bedürfnisse. Ich bin gesund, glücklich und voller Kraft, mein Leben zu gestalten.

Flow Writing #1:
Frei von den Mustern des Müssens *lebe ich …*

Im Schreiben liegt eine Kraft, die uns sehr tief in unsere innere Welt führen kann – und die uns schwarz auf weiß hilft, Dinge zu erkennen und Neues in unser Leben zu holen. Da ich das Schreiben wie kaum etwas anderes liebe, habe ich hier im Buch in jeder Regel ein neues Flow Writing für dich vorbereitet, das dir die Chance gibt, diese Kraft zu nutzen und dir selbst dadurch immer näher zu kommen.

In diesem Flow Writing #1 lade ich dich auf eine Reise an den zukünftigen Punkt ein, an dem du deine *Muster des Müssens* verlassen hast – und in deiner Selbstermächtigung lebst. Beim Schreiben dieser Zeilen, dieser Vorstellung von dir und deinem Leben, ist alles erlaubt und alles erwünscht, was dich beflügelt und dir ein wundervolles Bild von deinem authentischen Leben gibt, dem du dich auf deinem Weg der Klarheit nun Tag für Tag näherst.

Stelle dir nun deine Zukunft als freie, selbstbestimmte Persönlichkeit vor und beantworte für dich im persönlichen Flow Writing oder mit der Audiodatei, die ich auf www.findeklarheit.de/buchdownloads für dich vorbereitet habe, Folgendes:

- Als freie, authentische Persönlichkeit schaue ich zurück auf mein altes Leben und erkenne ganz deutlich, dass …
- Was mich früher gefangen gehalten hat, ist heute für mich nur noch …
- Ich bin froh und glücklich, dass ich mich dazu entschieden habe, …

- Es hat mich enorm befreit, dass ich …
- Heute lebe ich frei von meinen *Mustern des Müssens* und habe …
- Und bin dankbar, dass …

Genieße diesen Perspektivenwechsel und nimm die Erkenntnisse ernst, die er dir geschenkt hat.

Vervollständige dein Klarheits-Cluster #1

Nimm nun auch die für dich wertvollsten Affirmationen und die schönsten Highlights aus deinem Flow Writing und vervollständige damit dein Klarheits-Cluster #1.
Es ist deine Landkarte, wie du deine *Muster des Müssens* langfristig überwinden kannst. Rückfälle sind natürlich, Höhen und Tiefen machen das Leben aus – darum kannst du mit deinen Klarheits-Clustern immer wieder schnell den Überblick finden und aus dem Chaos zur Klarheit gelangen.
Schritt für Schritt, Phase für Phase werden Freiheit, Entfaltung und Selbstbestimmung für dich auf einer neuen Ebene möglich. Dann wirst du wirksam im Hier und Jetzt und bist bereit, deinen Acker ganz neu zu bestellen.

Klarheits-Cluster #1: Selbstermächtigung

Ich muss nicht mehr müssen

Selbstwertwunden, die bisher in mir aktiv waren (ich genüge nicht etc.)	Menschen und Situationen, die diese Wunden in mir berühren	So habe ich bisher darauf reagiert (Flucht, Angriff, Gefügigkeit, Härte etc.)	Diese Affirmationen sprechen mich sehr an und helfen mir, mich zu stärken	In meinem Leben in Klarheit und Selbstermächtigung möchte ich …

Selbst*verantwortung*

REGEL #2:

Bestelle deinen Acker

 # Erfülle deine Aufgaben und du wirst von ihnen erfüllt werden.

Wenn du den Punkt erreicht hast, an dem du immer öfter ganz gelassen sagen kannst »Ich muss nicht mehr müssen«, wirst du mehr und mehr in dir selbst ruhen. Du wirst klarer zu dir stehen können und dein Ja und dein Nein viel bewusster wählen. Mit jeder Erfahrung, die du mit deiner wachsenden Selbstermächtigung machst, wirst du mutiger werden, dich aus deinen *Mustern des Müssens* zu lösen. Du wirst früh genug erkennen, wenn deine Selbstwertwunden getriggert werden, und mitfühlend mit dir sein. Es wird immer selbstverständlicher für dich werden, selbstbestimmt zu leben und deine Energien achtsam einzusetzen. Und genau dann wirst du bemerken, dass deine Reise noch nicht beendet ist, sondern gerade erst beginnt. Dass du nun frei genug bist und genug Energie zur Verfügung hast, um weiterzugehen – und zu erkennen, dass dich nicht nur dein *Müssen* einengte, sondern auch dein *Wollen.*

In der Tiefe sind Müssen und Wollen eng miteinander verwoben. Sie verstärken oder verhindern sich gegenseitig. Ganz klar: Je weniger du hier sein willst, desto mehr musst du in eine Traumzukunft flüchten. Je härter oder fahler dein eigener Alltag scheint, desto beneidenswerter wirkt das Leben der anderen auf dich. Je weniger du dich in deinem Umfeld finden kannst, umso größer wird deine Sehnsucht nach dem, was du (vermeintlich) nicht hast. Du fühlst dich schlecht und denkst: »Wie wundervoll wäre doch alles, wenn ich nur …«

Das Gedankenspiel des »Wie wäre es, wenn alles perfekt wäre?« ist ein fantastisches Mittel, um deinen Zielen und Visionen einen Rahmen zu geben und deinen Geist mit Bildern zu füttern, die ihn auf die richtige Fährte locken. Ich selbst wende diese Technik immer wieder gerne an und habe schon viel Motivation daraus gezogen. Doch weiß ich auch: **Wenn diese Bilder zur Visualisierung und Manifestation nicht aus unseren eigenen, inneren Quellen stammen, sondern wenn wir sie aus der Welt der Täuschung und Illusion holen, dann wenden sich diese Bilder gegen uns.**

Hier in Regel #2 spüren wir diese Täuschungen als *fremdbestimmte Ziele* und *überhöhte Ideale* auf, die nicht von dir selbst, sondern von außen kommen und sich wie Schatten über dein Leben legen. Und wir lernen, wie wir uns von ihnen lösen können, denn so schillernd manche Bilder auch sein mögen: In Wirklichkeit versperren sie uns den Blick auf die wahren Potenziale im Hier und Jetzt.
Ihnen zu folgen, macht uns nicht glücklich, sondern rastlos. Der Druck steigt und steigt, wir kämpfen ums Erreichen, doch was auch geschieht, unser Inneres wird nie zufrieden sein. Nie gelingt es uns, die Sehnsucht in uns zu stillen, und je mehr wir uns abmühen, desto mehr dreht sich unsere Gefühlsspirale nach unten. Wir verlieren unsere Energie an das Ungreifbare und geben schließlich enttäuscht und entkräftet auf – wofür wir uns wiederum erneut verurteilen und schlecht fühlen. Ein Teufelskreis, den wir auf dem Weg zur Klarheit erkennen und durchbrechen können. Und zwar dort, wo es am wichtigsten ist: in der Basis.

 # Nachdem uns hundert Jahre lang erklärt wurde »The sky's the limit«, ist es höchste Zeit, unseren Boden wiederzufinden.

Höher. Schneller. Weiter. Die Maxime der alten Zeit hat uns raketenartig in eine neue Gesellschaft katapultiert. Und boom!

Jeden Tag zerschellt eine andere Kapsel am Himmel des Hyperkapitalismus und offenbart ihre Schattenseiten. Wie wir im Vorspann schon gesehen haben, hat das grenzen- und gnadenlose Streben nach ewigem Wachstum das Leben von Millionen Menschen dunkler gemacht: durch blinden Ehrgeiz und schädlichen Perfektionismus, durch betäubenden Überfluss und krankhaften Dauerkonsum. Wir flüchten ins Scheinuniversum der sozialen Medien, inszenieren uns selbst und unser Leben – und leiden dabei unter der Bewertung und der Darstellung anderer. Wir saugen uns voll mit fremdgesteuerten Gedanken und fühlen uns dabei unvollständig, leer und überreizt. Doch wie sollen wir diese Leere (sonst) füllen? Vielleicht mit einem neuen Diplom? Einem »besseren« Partner, einer größeren Wohnung, einer aufregenderen Reise? Mit mehr Status, mehr Followern, vielleicht einem noch höheren Ziel? Immer wieder erliegen wir dem Leistungswahn und Hyperindividualismus, der uns verspricht, schon bald zu einem beachtens-, bewunderns- und vor allem beneidenswerten Einzelstück zu werden. **Doch in Wirklichkeit vereinsamen wir auf diesem Irrweg.** Werden unglücklich mit uns und der Welt und brechen mit unserem wahren Lebensauftrag. Denn:

Es ist die Haupteigenschaft der Illusion, uns zu spalten. Sie trennt uns von unserer eigenen Wahrheit, der Wahrheit anderer und der Wahrheit der Welt. Und damit von allen Zielen und Aufgaben, die das Potenzial haben, uns wirklich zu erfüllen. Im Kern heißt das für unsere These in Regel #2:

 # Je mehr Illusionen du lebst, desto gespaltener bist du. Und je gespaltener du bist, desto schwächer wird deine Wirksamkeit im Hier und Jetzt.

In all unserem Streben »nach oben« vergessen wir den Boden, auf dem wir stehen. Bis er uns durch Krankheiten, Krisen oder Katastrophen unter den Füßen weggezogen wird. Wir schrecken auf, wenn unsere Illusionsschleier entzweigerissen werden und wir die Wortbedeutung des lateinischen Verbs *disrumpere,* von dem sich Disruption ableitet, am eigenen Leib erfahren: **Das Zerreißen, Zerbrechen, Zerschlagen oder Platzen,[v] das unser Zeitalter prägt, konfrontiert uns vollkommen:** Sichere Rituale wie der tägliche Gang zum Arbeitsplatz oder in die Schule, Besuche bei FreundInnen oder der Familie sind nicht mehr selbstverständlich. Lange gewohnte gesellschaftliche Umgangsformen und scheinbar sichere Systeme sind zerbrochen. Unter dem Druck des Wandels werden unsere Beziehungen ebenso auf die Zerreißprobe gestellt wie unser finanzieller Rahmen. Und die innere Bombe, die wir nie entschärft, aber immer wieder mit einer längeren Zündschnur versteckt gehalten haben, platzt angesichts der Überforderung. Unweigerlich gehen damit Emotionen hoch. Unweigerlich wird es unbequem. Und unweigerlich wird uns dabei bewusst, wie schnell wir am Boden der Tatsachen ankommen können. Das macht Angst. Das zwingt uns in die Knie. Und dort angekommen sollten wir nicht nach oben starren und jammern, sondern schauen, was es dort für uns zu tun gibt. Denn erst dann sehen wir glasklar: **Wir brauchen nicht nur einen menschlicheren Fortschritt, sondern vor allem ein neues, gesundes Fundament.** Schaffen wir es!

 # Auf einem verwahrlosten Acker blüht nur, was der Wind bringt.

Nennen wir dieses starke Fundament unseren *Lebensacker.* Ganz simpel und schlicht. Stelle dir deinen *Lebensacker* als Acker aus 12 einzelnen Feldern vor, auf dem alles seinen Nährboden hat:

1. dein Beruf,
2. deine Familie,
3. deine Freundschaften,

4. dein Liebesleben,
5. deine Projekte,
6. dein sozialer Beitrag,
7. deine Gesundheit,
8. deine neuen Erlebnisse,
9. deine Kreativität,
10. deine intellektuellen Fertigkeiten,
11. deine Spiritualität und
12. deine Selbstverwirklichung.

Beobachte in neuer Ehrlichkeit:

- Gibt es Felder, die brach liegen, weil dir die Zeit und Energie fehlen, sie zu bestellen?
- Gibt es Äcker, die dich zwar drängen und dich rufen, denen du aber ausweichst?

In Wahrheit wissen wir genau, wo wir uns reinknien, vielleicht sogar alles umgraben und bewusst Neues anpflanzen sollten, doch es ist so viel einfacher, auszuweichen, uns und andere abzulenken. Es ist so viel bequemer, launische Kinder vors Tablet zu setzen, als ihnen einen gesunden Umgang mit starken Emotionen beizubringen, den wir dabei selbst neu lernen sollten. Es ist so viel sicherer, noch einen Online-Marketingkurs und noch ein Webinar zu besuchen, anstatt das eigene Produkt endlich mutig in die Welt zu bringen. Und so viel vorhersehbarer, im gewohnten Umfeld zu bleiben und auf scheinbare Sicherheit zu setzen, als dem vermeintlich riskanten Herzenswunsch zu folgen. Daher warten wir oft ab – und schauen, was das Wetter bringt. Wir überlassen manche Felder unseres *Lebensackers* ab und an sogar gänzlich den anderen. Ja, eventuell kommt ja doch noch einer mit einem Spaten vorbei, und wir müssen uns die Hände nicht selber schmutzig machen? Nicht selbst etwas riskieren. Wie toll! Was für ein Luxus!

 # Manche Menschen glauben, die beste Art, Verantwortung zu tragen, sei, sie abzugeben.

»Er ist leider ein klassischer Fall von Wohlstandsverwahrlosung«, erklärte mir ein Lehrer das auffällige Verhalten eines Schülers, in dessen Klasse ich einen Vortrag über digitale Balance gehalten hatte. Der elfjährige Junge war schon vor Jahren einsam und unterfordert inmitten von unzähligen Spielsachen, Konsolen und Bildschirmen abgestellt worden. Und immer, wenn er – aggressiv von all der unterdrückten Traurigkeit – um die Aufmerksamkeit seiner Eltern rang, wurde ein neues, leuchtendes Gerät in seinen goldenen Käfig gestellt. Kein Talent wurde gefördert, keine Emotion begleitet, keine Schwäche ausgeglichen, kein Herz genährt. Das ist so besonders schmerzlich, weil unsere moderne Welt voll ist von goldenen Käfigen, in die wir uns setzen können, um uns abzulenken, statt anzupacken.

Je privilegierter und bequemer unser Leben geworden ist, desto öfter sind wir versucht zu glauben, dass die beste Variante, Verantwortung zu übernehmen, die ist, sie abzugeben. Wohl auch weil wir müde sind und entmutigt von alten Rückschlägen, tendieren wir dazu, ganze Felder abzustoßen, uns abzuwenden und uns nichts mehr von diesem Lebensbereich zu erhoffen. **Doch bleibt dabei so viel Ungelebtes zurück!** So viele Gefühle und Gedanken, so viele Energien stauen sich an. So viele vergebene Möglichkeiten! Wir blenden die Wahrheit aus und geben uns einer Lüge, einer Illusion hin. Und jede Illusion ist eine Ablenkung, und jede Ablenkung ist letztlich ein Ablehnen von uns selbst.

Je mehr Aspekte unseres Lebens wir ablehnen und den anderen überlassen, desto mehr geben wir auch unsere Macht über uns selbst ab. Denn auch hier gilt:

 # Unsere Trägheit in einem Bereich führt zur Tragödie in einem anderen.

Ich habe die wahre Bedeutung von Trägheit lange nicht verstanden. Denn welchen Schaden soll ein träger Mensch schon anrichten? Zieht er sich doch nur lahm und leise in seine vier Wände zurück. Der Inbegriff des trägen Menschen ist ein müder, desinteressierter Dauerkonsument, der alles aufsaugt, was die Medien und Massenmärkte ihm vorwerfen, und daraus sein eigenes Süppchen kocht. Und wenn er diese Welt verlässt, dann hat er vermutlich viel Müll, doch wenig Mut hinterlassen. Man könnte meinen, sein Leben sei völlig bedeutungslos gewesen. Doch dabei hat er eine erschreckend machtvolle Position »genossen«: Er hat den gewissenlosen Konsum und damit die gewissenlose Produktion vorangetrieben. Er hat die wertlose Unterhaltung genutzt und damit eine Werte zerstörende Haltung gestützt. Während er allein um sich selbst und seine toten Routinen kreiste, hat er um sich herum kaum etwas zum Erblühen gebracht. **Er ist nicht aufgestanden. Nicht für sich selbst. Für die Welt schon gar nicht.**
Auch wenn es bequem scheint, ist es bedrohlich, denn die Weichen des Lebens stellen wir damit dennoch! Auch das Nicht-Entscheiden ist eine Entscheidung. Auch das Nicht-Aufstehen ist eine Aktion, die neue Reaktionen hervorrufen wird. Auch die achtlose Saat bringt Früchte, die wir später ernten müssen. Ob wir wollen, oder (immer noch) nicht. **Trägheit ist immer ein Wegschauen –** und meist nichts anderes als ein stummer Ausdruck von Angst: der Angst, dass wir einen Fehler machen und verurteilt werden könnten. Dass wir auffallen und nicht mehr akzeptiert werden. Davor, alleine zu sein und uns umsonst bemüht zu haben. Davor, machtlos zu sein, und davor, dass das zerfällt, was uns so sicher schien. Sollen sich doch die anderen darum kümmern. Aber:

 # Wer die Verantwortung trägt, der trägt auch die Macht.

Seien es PolitikerInnen, Institutionen, ÄrztInnen, LehrerInnen, ExpertInnen, die Familie, FreundInnen, Gurus, ja, sogar das

Schicksal … wem auch immer wir die Verantwortung für unsere Lebensbereiche überlassen, dem geben wir zugleich die Möglichkeit, uns zu benutzen. Doch möchten wir unseren *Lebensacker* wirklich fremdbewirtschaften lassen und allein das ernten, was andere gesät haben? Ganz klar: Nein! Ebenso klar ist jedoch, dass es Kraft kostet, den eigenen *Lebensacker* zu bestellen. **Es fordert uns in jeder Hinsicht und jeden Tag dazu auf, hinzuschauen, die Illusionen zu erkennen – und sie selbst zu zerschlagen, bevor wir an ihnen zerbrechen.** Das Leben aktiv zu leben, bevor das Wegschauen und Weglaufen, das Verdrängen und Vermeiden uns taub und stumm gemacht haben. Die gute Nachricht ist: Es ist einfach zu erkennen, wenn du im Begriff bist, deinen *Lebensacker* verwahrlosen zu lassen. Nämlich immer dann, wenn du in eines der folgenden Programme rutschst:

Die 5 Verantwortungsfluchten

1. *Betäuben:* Lieber noch ein Glas Wein trinken und alles ein bisschen verschwommen sehen oder noch drei Kilometer weiter joggen und sich »voll auspowern«, als sich klar und kraftvoll den eigenen Schatten zu stellen.
2. *Ausweichen:* Lieber noch das Haus putzen oder noch einen Kurs belegen, als die wichtigen Schritte zu setzen, die als Nächstes zur Umsetzung notwendig sind.
3. *Ablenken:* Lieber noch ein bisschen mehr Zeit auf Social Media verbringen und schweigend nebeneinander vor dem Fernseher sitzen, als endlich darüber zu reden und sich darüber klar zu werden, was im eigenen Leben fehlt.
4. *Abschieben:* Lieber den anderen die Schuld geben für das, was nicht richtig läuft, und dann darauf pochen, dass diese anderen dein Problem für dich lösen müssen.
5. *Ablehnen:* Lieber die Arme vor der Brust verschränken, dichtmachen und sich gegen das stellen, was gelebt und getan werden muss, als die Aufgaben anzunehmen, die sich stellen. Denn warum sollst du dich denn um alles kümmern?

#Was dich von dir selbst trennt, trennt dich von allem.

Wie du siehst: So wie uns unsere Selbstwertwunden in den *Mustern des Müssens* gefangen halten, so hält uns unsere Flucht vor der Verantwortung – maskiert als Allüren, Ausflüchte und Ausreden – davon ab, uns in unserem eigenen Leben in voller Größe zu positionieren. Und damit auch davon, offen, präsent und klar zu sein und unser Leben schöpferisch zu gestalten.

Um hier Klarheit zu finden, gilt es nun, dich von diesen Fluchtprogrammen und Illusionen zu lösen, denn sie trennen dich von dir selbst und von deiner Stärke und Authentizität.
Der erste Schritt in die richtige Richtung ist, dir darüber bewusst zu werden, wann die falschen Erwartungen greifen und wo du sie mit neuem Futter versorgen musst. Das ist ein Dauerauftrag, denn in unserer modernen Welt warten *überall* Verblendungen. Wir:

- beladen uns unbewusst bei jedem Scrollen durch die sozialen Medien mit Illusionen und Täuschungen.
- saugen sie in den Rollenbildern und Erzähl-Schemata von Serien und Blockbustern auf.
- empfangen sie direkt durch Werbung und Stimmungsmache.
- finden in unserer Erziehung und kulturellen Prägung.
- verstärken sie durch das Übernehmen von (überholten) kollektiven Überzeugungen.
- erlauben sie für den Zusammenhalt unseres sozialen Gefüges.
- kultivieren sie in der Religion und in spirituellen Weltbildern.

Wohl werden wir als Menschen der modernen Welt nie ganz frei von Illusionen sein. Doch mit einem wachen Bewusstsein und dem Blick unserer neuen Ehrlichkeit können wir die Illusionen in unserem Leben aufspüren und im Wesentlichen **den 3 Schattenebenen zuordnen, die ich**

- fremdbestimmte Ziele,
- überhöhte Ideale und
- mangelnde Selbstwahrnehmung

nenne.

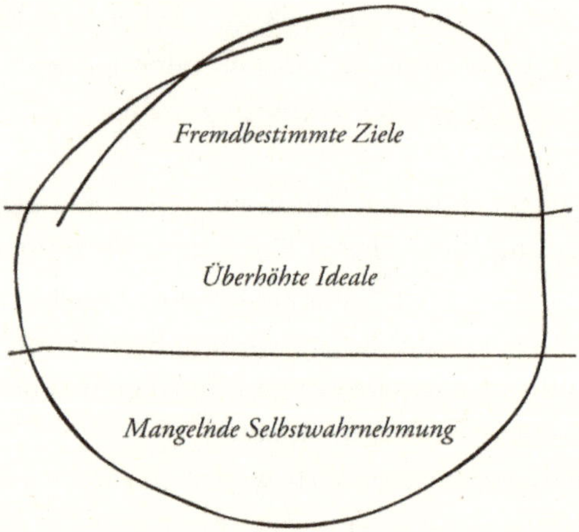

Unter ihrem Einfluss ist es uns nicht möglich, unseren *Lebensacker* erblühen zu lassen.

- **Fremdbestimmte Ziele**

sind jene Ziele, die wir in Wahrheit für andere verfolgen:
das Studium für die Eltern, das große Zuhause für den sozialen Status, die Karriere für den Respekt anderer, die abenteuerliche Reise für die Selbstdarstellung im Netz, das schön kontrollierte Leben für die Kinder, und all das, was wir sonst noch tun, um den (vermeintlichen) Erwartungen anderer zu entsprechen.

- **Überhöhte Ideale**

sind Erwartungen, die viel zu viel von uns abverlangen und kaum etwas zurückgeben:
unsere Erwartungen an unser Aussehen, an unsere Leistungsfähigkeit, unsere beruflichen Errungenschaften und privaten

Engagements. Alles, was uns in eine zu selbstkritische und perfektionistische Lebens- und Denkweise drängt und dem wir trotz aller Bemühungen nie gerecht werden können.

- **Mangelnde Selbstwahrnehmung**

ist Illusion und Wurzel zugleich:
Denn sie ist es, die uns dazu bringt, die (Warn-)Signale unseres Körpers und unserer Intuition zu ignorieren und neue Ideen und Impulse einfach auszublenden, anstatt ihnen zu folgen. Nur um die (wenn auch schmerzliche) Komfortzone nicht verlassen und die volle Verantwortung nicht selbst tragen zu müssen.

Doch je mehr wir den fremdbestimmten Zielen folgen, überhöhten Idealen hinterherlaufen und unsere Selbstwahrnehmung verkümmern lassen, **desto mehr werden wir ein Schattendasein führen, voll von**

- unauthentischen Erfahrungen,
- falschen Verpflichtungen und
- toten Ritualen.

Sie sind die fruchtlose Ernte eines fremdbestimmten Lebens und drei Ausdrucksformen der Unklarheit.

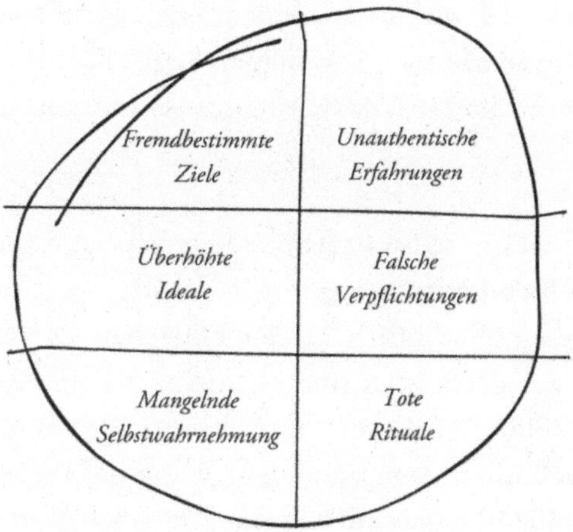

- **Unauthentische Erfahrungen**

sind die Erfahrungen, die uns ent-täuscht und kraftlos zurücklassen:
Nicht selten entpuppen sich genau die Erlebnisse und Erfolge, auf die wir besonders hart hingearbeitet haben, als Endprodukt eines fremdbestimmten Ziels. Das Diplom, auf das wir nun stolz sein sollten, aber das uns nur bescheinigt, dass wir es nicht wagen, unsere wahren Interessen zu leben und uns durchzusetzen. Die große Wohnung, die sich in einen goldenen Käfig verwandelt, der uns finanziell massiv unter Druck setzt und viel zu viel Arbeit mit sich bringt. Die tolle Reise, die wir als gar nicht befreiend, sondern unglaublich stressig empfunden haben. Die glückliche Beziehung, die noch nie eine war, sondern immer nur vernünftig schien. Das Treffen mit KollegInnen, für das wir eigentlich keine Kraft mehr hatten und wegen dem wir am nächsten Morgen ausgezehrt im Büro hängen.
Wir ernten immer dann eine unauthentische Erfahrung, wenn wir einem fremdbestimmten Ziel gefolgt sind. Werde also wachsam dafür, erkenne es rechtzeitig und entscheide dich klar für *dich.*
Denn das Leben für die anderen ist viel zu voll, viel zu fordernd und viel zu freiheitslos, um darin jemals glücklich werden zu können. Egal wie viel wir auch kompensieren. Denn sei dir sicher: **Anerkennung ist immer nur geliehen.** Status höchst verwundbar. Und Authentizität etwas, das wir in uns und für uns selbst finden können.

Der Zugang zu uns selbst ist jedoch oft versperrt durch

- **falsche Verpflichtungen,**

die aus unseren überhöhten Idealen entstehen:
Bei genauerem Betrachten sind sie nichts als ein Abfallprodukt unserer schädlichen Medien- und Konsumgewohnheiten. Aus dem Vergleich mit anderen und dem Wahn des Perfektionismus. Falsche Verpflichtungen sind wie eine Art Beschäftigungstherapie

im Schattendasein, das uns ständig unter Strom und aktiv hält. Wir rennen von A nach B, um nichts zu verpassen. Von Ziel zu Ziel, um es uns und anderen beweisen zu können. Von Verpflichtung zu Verpflichtung, um wichtig zu sein. Doch so wenig von diesem täglichen Abmühen ist abends überhaupt noch erwähnenswert, geschweige denn erfüllend. Sobald wir bereit sind, die überhöhten Bilder loszulassen, die sie ausgelöst haben, streichen sich viele dieser Tätigkeiten ganz von selbst von unserer To-do-Liste.

- **Tote Rituale**

sind zur Gewohnheit gewordene falsche Verpflichtungen, die keinen persönlichen Mehrwert (mehr) für uns haben:
Wir haben sie als Konventionen übernommen und wiederholen sie im Tages-, Wochen- oder Jahresrhythmus, ohne dabei noch Freude oder Bereicherung zu erleben. Sie stammen aus Traditionen, mit denen wir nicht wirklich verbunden sind, sind alte Beziehungskitter, die ausgedient haben, schlechte Gewohnheiten, die wir unnötig mitschleppen, stillschweigende Übereinkünfte, die uns nicht guttun, und lästige Routinen, die wir stumpf ohne Sinn und Seele ausüben. Das Leben so zu gestalten, es im Schattendasein hinzunehmen und weiter wegzuschauen, ist gefährlich. Denn:

> **# Depression ist nicht das Gegenteil von Glück, es ist das Gegenteil von Vitalität.**

Schleichend verlieren wir unsere Lebenskraft, wenn unser Alltag uns nicht mehr nährt. Denn wir vergeuden all unsere wertvolle Energie an Gedanken über die Vergangenheit und die Zukunft, die Erwartung anderer und die überhöhten Ansprüche, die wir an uns selbst stellen – und an den Widerstand gegen das Hier und Jetzt, den wir dadurch in uns aufbauen.
Unsere Pflichten werden immer (noch) belastender, unsere Routinen immer (noch) beschwerlicher und unsere Herzen immer

(noch) leerer. Energielos und eingesperrt blicken wir auf unseren *Lebensacker* und sehen an schlechten Tagen nichts als Schatten. Viele Menschen brauchen Krankheit, Krisen oder Katastrophen, um aus diesem Schattendasein auszubrechen und ihre Illusionen fallen zu lassen. Warte nicht so lange! Stelle dich deinen Illusionen und bringe hier und jetzt neues Licht auf deinen *Lebensacker.*

 # Heute ist ein guter Tag, dich deinen Schatten zu stellen.

Wenn du deine Energien zurückholen möchtest und dir ein wirksameres, selbstbestimmteres Leben wünschst, ist der beste Tag, dich deinen dunklen Seiten zu stellen, immer heute. Werde konkret – und werde klar:

Flow Writing #2: Schattenarbeit
Von der Fremd- zur Selbstbestimmung

Nimm Blatt und Papier, öffne, wenn du möchtest, die dazugehörige Audiodatei Flow Writing #2 auf www.findeklarheit.de/buchdownloads und beantworte folgende Fragen für dich:

1. Flow Writing #2, Teil 1:
Fremdbestimmte Ziele und unauthentische Erfahrungen

- Welche Erlebnisse oder Erfolge haben dich letztlich nicht erfüllt oder wo steuerst du gerade auf eine unauthentische Erfahrung zu?
- Welche fremdbestimmten Ziele lagen oder liegen deinen Entscheidungen in Wahrheit zugrunde?
- Wo wolltest du anders agieren, doch hast es nicht getan?
- Von wem oder warum ist das unterbunden worden?

- Welche Ziele liegen dir tatsächlich am Herzen?
- Welche Erfahrungen möchtest du in deinem Leben machen?

Immer wenn **Zweifel** den Ton angeben und wir unsicher sind, haben die fremdbestimmten Ziele uns geleitet. Es macht Angst, den Vorstellungen anderer zu folgen und auf fremden Routen unterwegs zu sein. Denn in Wahrheit sind wir tief in uns für etwas anderes »gerüstet«: für unseren eigenen Weg, den wir immer genauer erkennen und immer leichter gehen können.
Selbstverständlich erleben wir auch Momente der Unsicherheit, wenn wir unserer eigenen Wahrheit folgen. Aber chronische Zweifel und lähmende Unsicherheit sind Symptome der Fremdbestimmung, die uns sagen, dass wir das Entsprechen-Wollen, den Druck von außen und die falschen Erwartungen loslassen dürfen, um in unsere eigentliche Kraft zu kommen.

2. Flow Writing #2, Teil 2:
Überhöhte Ideale und falsche Verpflichtungen

- Welche deiner täglichen Pflichten setzen dich besonders unter Druck und lösen vermehrt Stress aus?
- Welche überhöhten Ideale treiben dich an und wo leidest du unter Perfektionismus?
- Welche Idealvorstellungen definieren deine inneren Bilder?
- Welche davon möchtest du loslassen, um freier und selbstbestimmter zu werden?
- Welche Werte sind dir wichtig?
- Wo möchtest du dich (mehr) einbringen, wo möchtest du dich mehr engagieren und deine Zeit sinnstiftend einsetzen?

Perfektionismus ist in Wahrheit eine Ausweich- und Ablenkungsflucht – und die primäre Nebenwirkung von überhöhten Idealen. Die Zeiten, in denen Perfektionismus zu den positiv-ehrgeizigen Eigenschaften zählte, neigen sich dem Ende entgegen, denn wir wissen, dass dahinter der Kampf um Anerkennung und die Angst vor Zurückweisung stecken. Wenn wir uns nicht erlauben, Fehler zu machen, erlauben wir uns nicht, Mensch zu sein. Wir schneiden uns von unserem authentischen Ausdruck ab und werden zu einer Kopie, einem Abbild anderer. Druck durch falsche Verpflichtungen macht uns aggressiv und gereizt – und möchte uns damit sagen: »Stopp! Setze eine Grenze! Höre auf, dich für fremde Bilder zu knechten. Finde deine wahren Werte – und erbaue daraus dein Wirken in deiner Welt.«

3. Flow Writing #2, Teil 3:
Mangelnde Selbstwahrnehmung und tote Rituale

- In welchen Situationen oder bei welchen Entscheidungen übergehst du deine innere Stimme?
- Wann ignorierst du die Signale deines Körpers?
- Welche Tätigkeiten sind dadurch unbefriedigend, schwächend oder gar schmerzlich für dich?
- Wo folgst du alten Gewohnheiten, die dir nicht mehr guttun?
- Wo siehst du tote Rituale, die du freudlos ausübst?
- Bei welchen Tätigkeiten und Erlebnissen fühlst du dich hingegen frei und gelassen?
- Welche regelmäßigen Praktiken oder Aktivitäten wolltest du schon immer (mehr) in dein Leben integrieren?
- In welchen Bereichen möchtest du immer mehr wissen und tiefer eintauchen?

Eines der schädlichsten und schwächendsten toten Rituale unserer Zeit ist das tote Ritual des Likens statt Lebens und des Vergleichens statt Verwirklichens. Unsere Smartphone-Nutzung ist wie ein **zwanghaftes Ablenken** von den Feldern unseres *Lebensackers,* dem sich Milliarden Menschen täglich hingeben. Fast ein Viertel unseres wachen Lebens verbringen wir aktuell in den sozialen Medien und unseren Apps – Tendenz steigend.[vi] Ich nenne unseren exzessiven privaten Medienkonsum unseren »Zweitjob als Medienkonsument«, der uns immens viel Potenzial, Zeit, Energie und Wirksamkeit raubt. Wir verlieren uns in diesem digitalen Paradies der Illusionen, in dieser trügerischen Zwischenwelt, im Ausweichen und Betäuben, im So-tun-als-ob, während wir bis auf den scrollenden Daumen regungslos auf dem Sofa liegen. Doch ein Hashtag ist noch keine Revolution und ein grinsendes Selfie kein Akt der Selbstliebe! Unsere Aufgaben im realen Leben erledigen sich nicht von selbst, während wir surfen, sondern türmen sich immer weiter auf und warten auf uns, wenn wir aus dem virtuellen Paralleluniversum zurückkehren. Damit ist unsere Überforderung vorprogrammiert. Und mehr noch: Der exzessive soziale Vergleich raubt uns die Kraft, macht depressiv, und die empfundene Lebenszufriedenheit sinkt mit steigender Bildschirmzeit genauso wie unsere Fähigkeit zur Selbstregulation.

Es ist irrsinnig, welchen Effekt unser digitaler Dauerkonsum auf uns und unser Leben hat – und genau deshalb ist es so immens wichtig, immer wieder über den Bildschirmrand hinauszublicken. Ich sage: **Die eigene digitale Balance gefunden zu haben, ist die Grundlage Nummer eins für ein gelungenes Leben in der modernen Zeit.** Wenn du hier tiefer eintauchen und Neues lernen willst, darf ich dir mein Buch *SWITCH OFF und hol dir dein Leben zurück. Wie wir der digitalen Stressfalle entkommen* und das spannende 14-Tage-Digital-Detox-Abenteuer für zu Hause ans Herz legen. Es ist jederzeit ganz einfach im Alltag umsetzbar und hilft dir, zu mehr Lebensfreude und Kreativität zu finden.

Dich zu befreien und deine Gewohnheiten aufzubrechen, ist kostbarer, als du vielleicht meinst, denn:

#Wenn deine Rituale tot und deine kreativen Kräfte erloschen sind, ist es Zeit, neu geboren zu werden.

Wenn wir in Richtung Klarheit aufbrechen und immer deutlicher und ehrlicher erkennen, warum wir leben, wie wir leben, werden wir ganz von selbst des-illusioniert und ent-täuscht. Freier und klarer können wir sagen, wofür wir einstehen und was wir künftig wie und was wir gar nicht mehr erleben möchten. Sei mutig, selbst wenn es gerade schwierig sein sollte, denn auch verbrannte Asche kann ein hervorragender Dünger für unseren *Lebensacker* sein – und ein neuer Nährboden für gesundes Wachstum, denn: **Sich im Leben stark und sicher zu positionieren, bedeutet, nicht länger an die eigenen Schwächen zu glauben.** Das aus dem Weg zu räumen, was andere zwischen uns und unsere wahre Größe gestellt haben, nur um uns besser kontrollieren und lenken zu können. Wie oft hast du schon gehört: »Das ist doch nichts für dich. Das wird dir zu viel! Lass das lieber.« oder »Wer glaubst du zu sein? Hochmut kommt vor dem Fall!«?
Selbstverständlich denken wir mit all unseren Mustern und Prägungen heute, dass wir uns vielen Aufgaben nicht gewachsen fühlen. Und die moderne Zeit konfrontiert uns mit so viel Ungewissheit, dass wir teilweise nur noch instinktiv reagieren können. Doch vertraue nie der Angst. Übe dich wieder darin zu glauben: **Keine Aufgabe kommt zu dir, die du nicht lösen könntest.**

Meine neue Ehrlichkeit

Die Energie meiner Lebensfelder, +/0/-

Werfen wir daher nun einen ehrlichen Blick auf deine 12 Lebensfelder. Wie viel Energie liegt in jedem Feld?

- Markiere die Felder mit »+«, die in guter Fülle stehen und die dich nähren und stärken.
- Markiere jene mit »0«, in denen sich kaum merklich Energie bewegt.
- Markiere jene mit »-«, in denen du Energie verlierst und dich getrieben und geschwächt fühlst.
- Und sei so frei, auch mehrere Energielevel zu vergeben, wenn Bereiche in sich gespalten sind, und notiere, was genau dich dort stärkt oder schwächt.

1. Beruf ______,
2. Familie ______,
3. Freundschaften ______,
4. Liebesleben ______,
5. Projekte ______,
6. sozialer Beitrag ______,
7. Gesundheit ______,
8. neue Erlebnisse ______,
9. Kreativität ______,
10. intellektuelle Fertigkeiten ______,
11. Spiritualität ______ und
12. Selbstverwirklichung ______.

 # Die Stärken der anderen sind ein Spiegel deines Potenzials.

Schau dir nun die Felder, die du mit »0« oder »-« markiert hast, genauer an und nenne spontan drei Personen, von denen du glaubst, dass sie diese Felder hervorragend bestellen:

1. ______________________________

2. ______________________________

3. ______________________________

Welche ihrer Eigenschaften ermächtigen diese Menschen deiner Meinung nach dazu, diese Felder mit viel Energie zu versorgen?

Diese Eigenschaften sind auch in dir angelegt. Die Frau, die so liebevoll und geduldig mit ihren Kindern ist, zeigt dir, wie viel Ruhe und Liebesfähigkeit auch in dir sind. Der Läufer, der jeden Morgen an deinem Büro vorbeijoggt, zeigt dir deine eigene Fähigkeit zur Ausdauer. Die Unternehmerin, die immer genau zu wissen scheint, was der nächste richtige Schritt ist, zeigt dir, wie viel Tatkraft und Weitsicht auch dir zur Verfügung stehen.

Meine Wall-of-Fame

Der Spiegel meiner Talente und Fähigkeiten

Auf deiner *Wall-of-Fame* hast du in deiner ganzen, wahren Größe Platz. Es ist eine wundervolle Übung, um dir deiner

ausbaufähigen Potenziale bewusst zu werden und sie mit deinen Talenten, Fähigkeiten und bereits erreichten Erfolgen zusammenzubringen.
Erstelle dafür deine eigene *Wall-of-Fame,* auf der du die Persönlichkeit würdigst, die du jetzt bist. Denn sie hilft dir, dich selbst nicht mehr durch die Schleier der Illusion und überhöhten Ideale zu sehen, sondern *dich* wahrzunehmen.
Für mich ist die *Wall-of-Fame* ein starkes Ritual, das ich immer zum Jahreswechsel praktiziere. Ich notiere alles, was ich in den vergangenen zwölf Monaten leisten, erreichen und verwirklichen konnte. Dabei liste ich alles auf: Berufliches, Privates und Persönliches. Die Projekte, die ich umsetzen konnte, die Ausflüge, die ich gemacht habe, die entfernt lebenden FreundInnen, die ich getroffen habe, die Schritte, die mein Sohn gemeinsam mit mir gemeistert hat, die Themen, die ich in meiner Beziehung klären konnte, die Kleinigkeiten, die ich in unserem Zuhause verbessert habe, die Vorträge und Workshops, die ich gehalten, und die, die ich besucht habe, die persönlichen Entwicklungsthemen, in denen ich Fortschritte gemacht, die Lektionen, die ich gelernt habe … und auch die Eigenschaften, die mir geholfen haben, das zu erreichen. Ganz kunterbunt und ohne Druck, dass diese *Wall-of-Fame* irgendjemandem imponieren muss. Es ist eine nährende Wertschätzung mir selbst gegenüber, die mir sagt: »Du hast deinen Acker gut bestellt. Mach weiter!« – und die mich inmitten der irrsinnigen Anforderungen des modernen Lebens daran erinnert, dass ich genüge.

Nimm dir die Zeit, deine nährende *Wall-of-Fame* mit dem Wallpaper #2 auf www.findeklarheit.de/buchdownloads zu kreieren, oder erstelle sie als Liste, als Collage mit Bildern oder Symbolen, als Datei auf deinem Rechner, wie du möchtest. Nenne bewusst alle Details, die dir in den Sinn kommen und die dich feiern!

Tipp:
Perspektivenwechsel
Solltest du Mühe damit haben, deine Stärken und kleinen und großen Erfolge zu benennen, dann verändere die Perspektive. Betrachte dich von außen wie durch die Augen eines Fremden und frage dich:

- Was hat diese Person bereits alles erreicht?
- Welche Fähigkeiten und Talente hat diese Person?
- Worauf kann sie stolz sein?
- Was zeichnet sie als Mensch aus?

Aus dieser Außenperspektive können wir oft auch leichter erkennen, wo die nächsten Schritte auf uns warten:

- Welche Möglichkeiten stehen dieser Person aktuell offen?
- Wo sind ihre nächsten Aufgaben?
- Was ist jetzt zu tun?
- Was hält diese Person noch davon ab, diese Schritte zu gehen, und wie kann sie es überwinden?

> **# Du bist die wichtigste Person in deinem Leben und das, was gerade ist, ist die wichtigste Sache in deinem Leben.**

Wenn wir klar sehen, was im Hier und Jetzt wichtig ist, und kaum Energie an unsere Illusionen und Schatten verlieren, dann können wir alle 12 Lebensfelder erfolgreich und erfüllend bestellen. Dann sind wir offen und präsent – und damit immer fähig, gute Entscheidungen zu treffen und uns für das einzusetzen, was uns wichtig ist.
Bringe deine Erkenntnisse auf den Punkt und setze dir eigene, überschaubare und authentische Ziele, die auch ganz klein und alltäglich sein dürfen, um noch mehr in dich hineinzuwachsen – und zu ernten, was dich wirklich erfreut.

In Offenheit und Präsenz
bin ich meinen Aufgaben gewachsen

Um die volle Verantwortung zu übernehmen und meinen *Lebensacker* zu bestellen, werde ich:

1. in meinem Beruf ______________________________
   ____
   ____,
2. in meiner Familie ____________________________
   ____
   ____,
3. meine Freundschaften _________________________
   ____
   ____,
4. mein Liebesleben _____________________________
   ____
   ____,
5. mein Projekt _________________________________
   ____
   ____,

6. als sozialen Beitrag ______________________________

____

____,

7. für meine Gesundheit ____________________________

____

____,

8. diese neuen Erlebnisse planen ____________________

____

____,

9. meine Kreativität mit ____________________________

____

____,

10. meine intellektuellen Fertigkeiten ______________

____

____,

11. meine Spiritualität ______________________________

____

____,

12. meine Selbstverwirklichung ______________________

____

____.

Ich gratuliere dir von Herzen zu jedem Feld, dem du dich bewusst annehmen willst! Und ich weiß, dass es manchmal sehr hart sein kann, diese Vorhaben auch umzusetzen, doch:

 # Lass deine Versprechen an dich selbst stärker sein als deine Launen.

Gerade unseren hohen Sehnsüchten und Wünschen setzt sich unser innerer Widerstand entgegen. Er ist der Wider-Willen, der sich gegen unseren eigenen Willen aufbäumt. Der uns alles madig redet, uns abbringen und zum Aufhören zwingen will. Nenne ihn Schweinehund, chronische Unzufriedenheit oder bloßes Genervt-Sein – er trotzt unserer Klarheit. Doch dahinter steht nur eines: Angst. Angst hält uns davon ab, unseren Acker zu bestellen und unsere Verantwortung zu tragen. Erinnere dich immer:

- *Zweifel* sind der Ausdruck von Versagensangst und der Hochmut, Hilfe nicht annehmen zu wollen.
- *Perfektionismus* ist die Angst vor der eigenen Menschlichkeit und der Hochmut, sie nicht annehmen zu wollen.
- *Ablenkungssucht* ist die Angst vor der eigenen Wahrheit und der Hochmut zu glauben, andere wären für die Lösung unseres Problems zuständig.

Aufsteigende Affirmationen #2: *Ich bin stark und fähig*

Vertraue dir selbst und deinen Fähigkeiten und du wirst wachsen. Jeden Tag mehr. Um dich darin zu unterstützen, habe ich wieder ein energiegeladenes Affirmations-Paket für dich, das dich durch deinen Tag begleiten kann. Auf www.findeklarheit.de/buchdownloads findest du eine Audiodatei zum Anhören, zum bewussten Einfühlen und Verinnerlichen und ein Worksheet, um dir die Affirmationen auszudrucken.

Ich bin stark und fähig
Ich vertraue meiner inneren Stärke. Ich weiß, was als Nächstes zu tun ist. Ich freue mich über jeden noch so kleinen Erfolg. Ich bin zufrieden mit mir. Ich spüre Ruhe und Gelassenheit. Ich stehe mit beiden Beinen voll im Leben. Ich bin erwachsen und fähig, meine Aufgaben zu erfüllen. Ich erfülle meine Aufgaben, und meine Aufgaben erfüllen mich. Ich bin ausdauernd und geduldig. Ich bin gütig und liebevoll. Ich kann ganz hier sein. Ich bin präsent. Ich bin offen. Ich bin wach. Ich bin gerne da. Ich lebe gerne. Ich helfe gerne. Ich stehe gerne für meine Träume ein. Ich arbeite gerne an meinem Ziel. Meine Aufgaben sind es wert, erfüllt zu werden. Meine Visionen sind es wert, verwirklicht zu werden. Ich kann die Verantwortung für mich tragen. Ich kann mein Leben voll in die Hand nehmen. Ich überwinde meine Widerstände, weil ich weiß, dass es gut für mich ist. Ich bin konsequent. Ich bin ausdauernd. Ich bin belastbar. Ich bin voller Vertrauen und Optimismus. Ich bin erfolgreich. Ich bin selbstsicher. Ich wachse jeden Tag. Ich lerne jeden Tag. Ich werde jeden Tag stärker und stärker. Ich bin glücklich und erfüllt in meinem Leben. Ich bin fähig und frei. Ich bin frei, ich zu sein und meine ganze Kraft zu leben.

 # Das Zen deines Alltags ist der Reichtum deines Lebens.

Sich von falschen Verpflichtungen und fremdbestimmten Zielen zu trennen, heißt nicht, keine Pflichten und keine Pläne mehr zu haben. Im Gegenteil! Es heißt vielmehr, dass wir dem, was ist, mehr Energie und Aufmerksamkeit schenken können. Dass sich unser Fokus schärft und dass wir mehr Kraft und Zeit haben, um dort wirksam zu sein, wo wir es wirklich wollen. Es ermächtigt uns, eine aktive und offene Haltung einzunehmen – gerade

gegenüber den Dingen, die uns im konkreten Alltag fordern. Und das ist der wohl größte Benefit deiner Selbstverantwortung. Denn natürlich bleiben gewisse berufliche Projektphasen auch dann sehr anspruchsvoll, wenn wir bereits in selbstbestimmter Klarheit leben. Natürlich bleibt die Kindererziehung eine vielseitige Herausforderung, auch wenn wir uns von unseren überhöhten Vorstellungen gelöst haben. Und natürlich gibt es in jeder Beziehung und in unserer eigenen Entwicklung immer wieder Hürden, die wir überwinden wollen, auch wenn wir bereits sehr gut auf uns selbst hören. Doch wenn wir unseren *Lebensacker* bewusst bestellen, dann können wir die Weisheit leben, die der Theologe, Philosoph und Politikwissenschaftler Reinhold Niebuhr in seinem weltbekannten Zitat auf den Punkt gebracht hat:
»Gott gebe mir die Gelassenheit, Dinge hinzunehmen, die ich nicht ändern kann, den Mut, Dinge zu ändern, die ich ändern kann, und die Weisheit, das eine vom anderen zu unterscheiden.«[vii]

So können wir Kraftraubendes loslassen und sinnvoll auf das aufbauen, was da ist: in uns selbst und in unserem Einflussbereich. Annehmen statt anstreben bedeutet auch, den Zustand des inneren Kampfes und des Widerstandes zu beenden und einen Zustand des Kreierens und Schöpfens zu erlauben.

Klare Ausrichtung

Dazu lade ich dich ein, dir in den nächsten zehn Tagen jeden Morgen diese Frage zu stellen:

- **Was kann ich heute tun, um jetzt und hier wirksam zu sein?**

Und sie auf Papier kurz für dich zu beantworten. Wenn du möchtest, drucke dir dazu das Worksheet #2 auf www.finde-klarheit.de/buchdownloads aus und trage deine Antworten dort ein.

Diese eine Frage reicht aus, um dich jeden Tag darauf aufmerksam zu machen, was jetzt wichtig ist und was jetzt für dich ansteht. Dann fühlst du dich nicht länger wie ein Opfer der Umstände, sondern erhebst dich über das stille Ohnmachtsgefühl und bringst dein Leben auf eine neue Schiene. Schritt für Schritt. Moment für Moment. Tag für Tag.

 # Würdige alles, was erblüht.

Erkenne jeden Fortschritt, den du auf deinem *Lebensacker* machst, und sei dankbar für jede Bemühung, die du erfolgreich meisterst. Auch wenn du nur zum ersten Mal selbst den Reifendruck am Auto wieder auf Soll bringst, wie ich es vor Kurzem getan habe, anstatt die Verantwortung dafür an meinen Mann abzuschieben. Du musst deine kleinen Erfolge nicht laut »feiern«, aber dich darauf trainieren, sie zu sehen und dich stark zu fühlen, schlichtweg weil du die Aufgabe erfüllt hast.

Um dich im Vertrauen in deiner Selbstverantwortung zu bestärken, beantworte nun zehn Tage lang jeden Abend diese Frage:

- **Wo habe ich heute meine Fähigkeiten und Verantwortungen gut eingesetzt? Was ist mir gelungen?**

Und mache dir dazu ein paar Notizen.

So lernst du nicht mehr (nur) durch Fehler und Schmerz, sondern durch Bewusstsein, Erkennen und Wertschätzen. Ähnlich, wie diese glückliche Dame …

Die Geschichte der glücklichen Dame

Eine ältere Dame war in ihrem Dorf für ihre eigene Art bekannt, ihr Glück zu zelebrieren. Sie verließ niemals das Haus, ohne eine Handvoll Bohnen einzustecken. Sie tat dies, um die schönen Momente des Tages bewusst wahrzunehmen und sie besser zählen zu können. Für jede positive Kleinigkeit, die sie tagsüber erlebte – einen fröhlichen Plausch auf der Straße, das Lachen eines Kindes, ein Glas guten Weines –, für alles, was ihre Sinne erfreute, ließ sie eine Bohne von der rechten in die linke Tasche wandern. Abends saß sie zu Hause und zählte die Bohnen aus der linken Tasche. Sie zelebrierte diese Minuten. Sie führte sich vor Augen, wie viel Schönes ihr an diesem Tag widerfahren war. Auch wenn sie bloß eine Bohne zählte, freute sie sich, den Tag erlebt zu haben.

Verfasser unbekannt

Eine Geschichte, simpel und schön erzählt. Wie es sich wohl anfühlen würde, so genügsam-glücklich zu sein? Da fantasieren wir kurz, und dann bringt uns unser überzüchteter Geist dazu zu glauben, dass wir diese Lektion verstanden haben, sie abhaken und weitermachen können. Meist wie bisher, ohne etwas verinnerlicht zu haben. Daher möchte ich dich einladen: Höre nicht auf deine kluge Stimme! Gehe einmal mehr übers Philosophieren und Denken hinaus, nimm die Bohnen aus deinem Küchenregal, stecke sie ein und probiere es aus! Tue es wirklich und sei mal für einen Tag diese Dame. Denn es ist anmaßend von unserem Geist zu glauben, das Verstehen könne das Erleben ersetzen. Und anmaßende Haltungen sind immer ein Gefängnis. Brich aus – bestelle deinen Acker und zähl deine Bohnen. Viel Freude dabei.

Vervollständige dein Klarheits-Cluster #2

Fasse nun die wichtigsten Erkenntnisse im Klarheits-Cluster #2 für dich zusammen.
So stärkst du dein Bewusstsein darüber, was dich von deiner Klarheit trennt und wie du zu einem erfüllten, selbstbestimmteren Leben findest.

Übe dich im Wahrnehmen deiner Wirksamkeit – sei es in noch so kleinen und alltäglichen Dingen – und richte deinen Fokus auf das, was dir dabei hilft, immer noch klarer für dich einzustehen. Rückschläge, die wie ein Gewitter über deinen *Lebensacker* ziehen, sind vorprogrammiert, denn sie liegen in der Natur der Dinge. Doch wenn du in dir verwurzelt bist, deine eigenen Werte und Fähigkeiten ernst nimmst, und Fremdbestimmung, überzüchtete Gedanken und unnötigen Druck frühzeitig erkennst, ist dein Fundament in dir sicher. Dann wächst, was dich wachsen lässt – und du findest dein *Ganz-genau-Genug*.

Klarheits-Cluster #2:
Mein Lebensacker

Lebensfelder, die blühen (+)	Felder, die mehr Pflege brauchen (-)	Illusionen, die mich schwächen	Stärken aus meiner *Wall-of-Fame*	Nächste Schritte, die ich setzen will

Selbst*sicherheit*

REGEL #3:

Finde dein Ganz-genau-Genug

Unsere Welt ist nach oben hin grausam offen.

Wie sehr sind wir Suchende? Getrieben von der Sehnsucht, uns ganz und vollständig zu fühlen, geliebt und sicher. Die moderne Welt tut alles dafür, uns das Finden scheinbar zu erleichtern. Meine Suchmaschine liefert über 91 Millionen Antworten auf meine Frage nach »mehr«. Einen endlosen Videofeed zum Thema »Fülle« und eine Unzahl an Experten, die mir erklären können, wie ich das »manifestiere«, was ich will.

In unserer Zeit ist es sehr verführerisch, die gesamte Lebensenergie ins Besser-sein- und Mehr-haben-Wollen zu investieren – und zu leiden, weil es doch irgendwie nie ausreicht. Denn sosehr wir uns auch bemüht haben, es gibt immer jemanden, der besser, der weiter und der damit scheinbar glücklicher ist. Und egal wie viel wir selbst erreicht haben, oft liegt in der Erfüllung unseres Wunsches bereits die Enttäuschung – und damit die Geburt eines neuen Wunsches. Doch warum? Was liegt dahinter?

Ich nenne es den *Erwartungs-Enttäuschungs-Dualismus:* die untrennbare Verwandtschaft von Hoffnung und Enttäuschung.

Überlege: In dem Moment, in dem du Vorfreude in etwas legst, gibst du dieser Sache auch das Potenzial, dich zu frustrieren. Wir haben hohe Erwartungen und damit ein hohes Risiko, dass unsere Hoffnung vielleicht doch nicht oder nicht wie gewünscht erfüllt werden könnte. Unter all dem Ehrgeiz und aller Erwartung sind wir oft zweifelnd oder gar ängstlich – und begeben uns damit in genau die Reibungszone, in der wir die Ängste und Unsicherheiten schüren, die wir eigentlich auflösen wollten. Doch:

 # Angst kann man nicht lösen. Der Angst kann man sich nur stellen.

Je mehr du versuchst, dich mit Äußerlichkeiten abzusichern, desto verwundbarer wirst du dich in deiner Tiefe fühlen. Und je mehr falsche Fülle du in dein Leben holst, desto mehr Enge, Leere und Sinnlosigkeit wirst du empfinden.

Es setzt eine Endlosschleife aus Erwarten und Enttäuscht-Sein in Gang, eine ständige Abfolge aus Gewinnen und Verlieren, aus künstlichem Mangel und lähmendem Überfluss. Der Ausweg? Er ist oft schwer zu finden, denn jedes Hinweisschild, dem wir in der modernen Welt begegnen, lenkt uns in die gleiche Richtung: Du willst glücklicher sein? Kauf dies! Du willst dazugehören? Mach das! Du willst weniger von all dem Sch…? Dann wirf alles weg, was du schon hast, und hol dir stattdessen dies.

Es ist nichts dagegen einzuwenden, dass wir unser Leben verbessern, uns etwas gönnen und uns erweitern wollen. Im Gegenteil. Es ist fantastisch und unbedingt nötig, um uns mit dem Leben und der Welt mitzuentwickeln. Doch immer, wenn wir im Außen etwas suchen, wenn wir hohe Erwartungen an etwas oder jemanden haben, sollten wir in der vollen Klarheit über Folgendes sein:

 # Keine Sehnsucht kann je gestillt werden, die der Angst und nicht dem Herzen entspringt.

Erst wenn wir viele Erwartungen und Ängste loslassen, können wir den Dingen, Erlebnissen und auch den Menschen in unserem Leben wieder den Stellenwert geben, den sie wirklich haben. Dann werden wir freier von den Bedingungen, die an Dinge und Taten geknüpft sind, denn: **Alles, was wir besitzen wollen, besitzt auch uns.** Alles, was wir tun wollen, übt auch Druck auf uns aus. Unsere Zeit, unsere Aufmerksamkeit, unsere Lebensenergie – immer tauschen wir etwas ein. Immer wird etwas von uns gefordert. Daher sind die Fragen, die wir uns stellen sollten, ganz einfach:

- Was bin ich bereit zu geben, um zu haben?
- Was bin ich bereit zu tun, um zu sein?
- Und bringt mir das Ziel tatsächlich eine authentische Erfahrung von Freude und Fülle?

Manchmal sind die Menschen, von denen wir sagen würden »Für sie spielt Geld keine Rolle« oder »Ihnen fällt der Erfolg einfach zu«, Menschen, für die Erfolg oder Geld täglich die Hauptrolle spielen: Es ist ihnen wichtig, es in irgendeiner Form zu verdienen, zu verwalten, zu vermehren und zu verteidigen. Ist das das, was wir unter Freiheit verstehen?
Wenn wir jemanden fragen, warum er oder sie wohlhabend sein möchte, dann wird die Antwort sehr wahrscheinlich sein: »Um tun und lassen zu können, was ich will, wie ich es will und wann ich es will.« Wir setzen Reichtum mit Freisein gleich, was auf einer oberflächlichen Ebene sicherlich berechtigt ist. Doch solange wir damit nicht unsere Herzenswünsche erfüllen und dem nachgehen, was uns innerlich bereichert, werden wir uns wohl nie frei und vermutlich auch nicht reich fühlen können. Denn dann kämpfen wir wie in Regel #2 lediglich darum, überhöhte Ideale und fremdbestimmte Ziele zu erfüllen. Und das gilt in jedem Bereich, nicht nur im Finanziellen: Jedes oberflächliche Dazugehören macht uns im Kern einsam. Jede überspielte Unsicherheit, um zu beeindrucken, macht uns unauthentisch – und jeder Erfolg, jedes Highlight, jede Errungenschaft muss überboten werden.
Ganz egal was wir beruflich oder privat aus falschem Antrieb heraus auch erreicht haben: Kaum am Ziel angekommen, spannt uns unser Wollen wieder vor den Karren – und wir ziehen gestresst weiter. Wohin bringt uns das? Immer weiter weg von uns und alledem, was unserem Dasein lebendige Qualität gibt. Wir treiben innerlich leer im Zuviel und beobachten immer argwöhnischer, was die anderen tun und haben, wo wir (vielleicht) unterlegen sind und wie wir (vielleicht doch noch) dominieren könnten. Wir werden zu einem konkurrierenden Wesen, das seine

schöpferische Kraft völlig verzerrt einsetzt. Und wir erleben, was die Grundthese unserer Regel #3 besagt:

 # Je mehr Angst du hast, desto weniger wahre Fülle wirst du finden.

Statt Freude und Inspiration spüren wir, wie Geiz und Gier uns antreiben. Ja, verwenden wir hier einmal die Worte »Geiz« und »Gier«, auch wenn wir uns selbst vielleicht weder als geizig noch als gierig bezeichnen würden. Bleiben wir dennoch bei diesen beiden Begriffen, denn sie sind sehr aufschlussreich und kraftvoll. Die Emotionen, die dahinter liegen und viele unserer Denk- und Handlungsweisen bestimmen, haben uns sehr viel Spannendes zu sagen und können uns viel lehren. Denn:

- ***Geiz*** zeigt uns, wie sehr wir gerade Nein zu uns selbst und der Welt sagen.
- ***Gier*** zeigt uns, wie groß unsere Sehnsucht nach echter Lebendigkeit ist.

 # Wer nur seine Angst nährt, wird nie satt werden.

Schauen wir uns diese beiden Phänomene von Geiz und Gier nun etwas genauer an.

Geiz schneidet uns von der Lebensfülle ab.

Er verneint das Gute, das Schöne, die Freude und die Fülle – und bringt stattdessen den künstlichen Mangel in unser Leben. Unter diesem Deckmantel können wir unser ängstliches Misstrauen und unsere Zweifel überspielen und unsere ablehnende Haltung rechtfertigen.

Geiz und künstlicher Mangel zeigen sich als:

- zwanghaftes Sparen und falsche Bescheidenheit, die wir als sichtbares Symbol für unseren gebrochenen Selbstwert erkennen können.
- materielle, zeitliche oder sonstige Knappheit, die unseren Handlungsspielraum so sehr einschränkt, dass wir jederzeit ein nach außen hin stichhaltiges Argument für das Nicht-Handeln und Uns-nicht-Verändern haben.
- Antriebslosigkeit und Schwere, die uns emotional und körperlich immer noch weiter einschränken.
- Unzufriedenheit und Neid, die unsere kostbare Energie von unseren eigenen Möglichkeiten abziehen und zu anderen Menschen abfließen lassen.

Gier hingegen äußert sich im anderen Extrem:
in der falschen Fülle. Sie ist das Übermaß, die Überaktivität und das Überengagement, die uns zeigen, dass wir unsere wahre Lebenssehnsucht nicht erfüllen. Falsche Fülle ist genauso allgegenwärtig wie der künstliche Mangel und ist ein anerkanntes Mittel, um unsere Unsicherheit und Angst zu verdrängen.

Gier und falsche Fülle zeigen sich als:

- übertriebener Konsum, den wir als fehlgeleiteten Kanal für ungelebte Kreativität und unterdrückte Wünsche verstehen können.
- lähmender Überfluss, den wir aus der Angst heraus erzeugen, vielleicht einmal nicht satt zu werden, nicht genug zum Überleben zu haben.
- Hyperaktivität und Unruhe, mit denen wir uns ablenken und beschäftigt halten, um uns nicht mit unseren Ängsten und unserer eigenen Innenwelt auseinandersetzen zu müssen.
- Perfektionismus, Erfolgs- und Geltungsdrang, die uns scheinbare Sicherheit und Anerkennung geben sollen.

 # Der Geiz verneint das Leben, die Gier die Sterblichkeit.

Angetrieben von Geiz und Gier häufen wir tote Dinge und Symbole an, in der Hoffnung, uns dadurch lebendiger zu fühlen. Doch dabei können wir nur scheitern – und unser Gefühl des Mangels wächst und wächst immer weiter. Wir fühlen uns unzulänglich, sprechen uns das Schöne, Große und Gute ab, glauben, etwas nicht verdient zu haben oder nie erreichen zu können, und können nichts mehr wirklich genießen. Selbst dann nicht, wenn eigentlich alles da ist, was wir brauchen. Das ewige Laufen im Hamsterrad scheint sinnlos, und umso sehnlicher wünschen wir uns etwas, das den inneren Hunger stillen und die Gefühle des Mangels aufheben kann.
Ein Teufelskreis entsteht, den ich den *Geiz-Gier-Kreislauf* nenne:

Der Geiz-Gier-Kreislauf

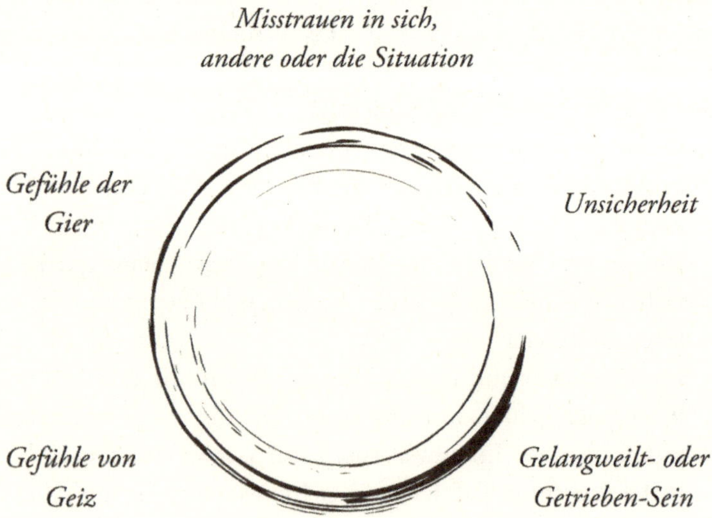

Sehen wir uns den *Geiz-Gier-Kreislauf* genauer an, dann erkennen wir, dass am Beginn meist (begründete oder unbegründete) Ängste und Befürchtungen stehen. Geben wir diesen Ängsten nach, werden wir unsicher und verändern uns: Entweder schränken wir uns ein und ziehen uns misstrauisch zurück, sodass wir in Langeweile oder Unterforderung enden. Oder wir flüchten wie in Regel #2 nach vorne, »greifen an« und laufen getrieben und gehetzt durchs Leben. Unser Blick wird dabei immer enger und unsere negativen Erwartungen bestätigen sich. Nachweislich führen Angst- und Stresshormone im Gehirn dazu, dass wir die Welt materialistischer, missgünstiger, konkurrierender und ängstlicher wahrnehmen: Unser Vertrauen in die Situation, die anderen Menschen und uns selbst schwindet immer weiter. Das ist ein realer Teufelskreis, der viel zu viele Menschen viel zu lange gefangen hält. Bis sie klar erkennen, wo und warum sie in den *Geiz-Gier-Kreislauf* kommen, und lernen, wie sie ihn verlassen können.

Um dein Bewusstsein für diesen Kreislauf zu schärfen und hinter seine Kulissen zu blicken, sehen wir uns ein paar Beispiele an:

Der *Geiz-Gier-Kreislauf*	
Geiz **als Lebensverweigerung und künstlicher Mangel**	**Gier** **als fehlgeleitete Lebens-Sehnsucht und falsche Fülle**
Beruflich	
Sich beruflich unsichtbar machen und immer »unter dem Radar fliegen« wollen.	Lauthals Extra-Überstunden machen, um die eigene Wichtigkeit zu demonstrieren.
Anderen stillschweigend oder unterbewusst die Erlaubnis geben, dich auszubeuten und deine Erfolge zu kassieren.	Marathon-Meetings einberufen, nur um Druck zu machen und Macht über andere auszuüben.

Wichtige Entwicklungs-, Lern- und Karriereschritte verweigern, weil das innere Ja zu sich selbst und der eigenen Kraft fehlt.	Zu schnelle Karrieresprünge oder rasantes Firmenwachstum, wodurch körperlich und psychisch zu viel gefordert wird.
Privat	
Keine Einladungen aussprechen, aus Angst, menschlich oder materiell nicht genügend zu bieten.	Rauschende Partys und große Anlässe ausrichten, die dafür sorgen sollen, sozial bedeutsam zu sein.
Sich sozial immer weiter zurückziehen, sich einsam und unverstanden fühlen und neue Kontakte ablehnen.	Zu viele private Verabredungen mit FreundInnen, die sich wie berufliche Termine anfühlen – und auch wie solche abgehakt werden.
Neigung zu Missgunst oder gar Hass in der Kommunikation, Suche nach Intrigen und Manipulation.	Dauerkommunikation in Zeiten, die so dringend zum Ausruhen und Regenerieren gebraucht werden würden.
Persönlich	
Größere Entwicklungsschritte wie Partnerschaften oder notwendige Trennungen, Elternschaft, Verantwortungspositionen in der Gesellschaft oder den Einstieg in die eigene Berufung ablehnen, aus Angst, nicht entsprechen zu können.	Sich in den übernommenen Rollen (Elternschaft, Partnerschaft, Karriere, Elternpflege, Vereinsleben, Freundschaften etc.) über das eigene gesunde Maß hinaus engagieren und sich aufopfern.
Sich zu wenig bis gar nicht um sich selbst kümmern. Weder auf der körperlichen noch auf der seelisch-geistigen Ebene, da Gefühle der Wertlosigkeit im Weg stehen.	Ein Übermaß an Sport, Weiterbildung oder Seminaren, um sich selbst zu beweisen, dass man vorwärtskommen will, wobei man sich aber mit der Fülle der Impulse überfordert und so zum Scheitern bringt.

Keine Hobbys oder Interessen ausleben, da die Energie und Lebensfreude dazu fehlen.	Die Freizeit konstant mit Aktivitäten füllen, um immer von sich selbst abgelenkt zu sein.

Die Ängste und Erwartungen, die im *Geiz-Gier-Kreislauf* wirken, machen unseren Willen unfrei. Wir handeln fremdbestimmt und geraten dadurch in Situationen, die kaum auszuhalten sind. Wenn wir diesen Kreislauf unkontrolliert ablaufen lassen, kann er uns in der falschen Fülle ins Burn-out- und im künstlichen Mangel ins Bore-out-Syndrom stürzen. Doch es gibt einen besseren Weg. Einer der wichtigsten Schlüssel, ihn zu erreichen, ist der, seine eigenen Ängste, Schuld- und Mangelgefühle zu verstehen, sie richtig zuordnen zu können – und Unsicherheit, Frustration oder Zweifel als Signale des *Geiz-Gier-Kreislaufs* zu erkennen.

Noch mehr Klarheit darüber, ob du gerade in diesem schädlichen Kreislauf gefangen bist, geben dir deine inneren Zustände. Denn die emotionale Dynamik von Geiz und Gier unterscheidet sich grundlegend von der Harmonie des *Ganz-genau-Genugs,* dem Ziel unserer Regel #3:

Der *Geiz-Gier-Kreislauf* führt zu:	**Der *Ganz-genau-genug-Punkt* führt zu:**
Schwere	Leichtigkeit
Empfundener Enge	Innerer Weite
Geiz	Großzügigkeit
Neid	Mitfreude
Abgrenzung und Ausgrenzung	Offenheit und Annahme
Wettkampf	Gemeinsamkeit
Frustration	Optimismus
Ungeduld	Gelassenheit
Getrübtem Genuss	Freude am Sein

Künstlichem Mangel	Echten Bedürfnissen
Lähmendem Überfluss	Fließendem Geben und Nehmen
Falscher Bescheidenheit	Zufriedenheit mit sich
Unzufriedenheit	Dankbarkeit
Nicht-genießen-Können	Wertschätzendem Genuss
Deprimierender Leere	Raum zur Entfaltung
Langeweile	Innerer Lebendigkeit
Sinnlosigkeit im Sein	Sinnstiftendem Tun
Selbstkritik	Selbstzufriedenheit
Zweifel	Stärke
Überforderung	Gezielter Wirksamkeit
Schuldzuweisung	Toleranz und Neugier
Unfreiheit	Freiheit
Scheinbarer Sicherheit	Geborgenheit im Augenblick
Angst	Liebe

 # Dein Leben ist der Spiegel deiner inneren Welt.

Erkennst du die emotionale Qualität der beiden Kreisläufe? Das Leben im *Geiz-Gier-Kreislauf* ist völlig anders als im *Ganz-genau-Genug*, das wir nun erreichen möchten.

Dein *Ganz-genau-genug-Punkt* ist das, was deine Suche ein Stück weit tatsächlich beenden kann: Er ist dein Triple-G-Punkt, an dem du beruflich, privat und persönlich ganz genau im Gleichgewicht bist. Es ist dein ideales Lebens-, Leistungs- und Entwicklungslevel, auf dem du genügend Zeit und Energie hast, *dich* zu verwirklichen, anstatt immer noch mehr *Dinge* zu manifestieren.

Doch dieses Level zu finden und zu halten, ist oft schwer. Warum? Schlichtweg weil Unsicherheit, Langeweile und innere Unruhe als Auslöser des *Geiz-Gier-Kreislaufs* in unserem modernen

Leben allgegenwärtig sind und uns immer wieder in diesen Kreislauf ziehen. Setze dich daher nicht zusätzlich unter Druck, sondern werde klar, entspanne und beobachte dich selbst. Lerne, die Situationen, Gewohnheiten und Reize zu erkennen, die deinen *Geiz-Gier-Kreislauf* aktivieren – und lenke mit deiner neuen Ehrlichkeit bewusst und im besten Fall mit einem liebevollen Lächeln dir selbst gegenüber ein in Richtung Leichtigkeit, Großzügigkeit und Optimismus.

 # Entspanne dich, du wirst nie alles haben.

Meine neue Ehrlichkeit
Wo gibt es Geiz-Gier-Kreisläufe *in meinem Leben?*

Nimm dir einen Moment Zeit und notiere dir deine Gedanken, Beobachtungen und Erkenntnisse:

- Wo erlebe ich Gefühle von Geiz? Kann ich mir etwas gönnen und zutrauen? Kann ich wirklich genießen? Kann ich mich mit anderen freuen? Kann ich Fülle empfinden? Kann ich Sicherheit spüren?
- Wo erlebe ich Gefühle von Gier? Kann ich Wünsche auch einmal warten lassen? Gibt es Momente oder Phasen, in denen ich wunschlos zufrieden bin? Kann ich anderen etwas gönnen, ohne ihnen nacheifern zu müssen? Kann ich meine wahren Bedürfnisse ausleben und meine wahren Wünsche umsetzen?
- In welchen beruflichen, privaten oder persönlichen Bereichen rutsche ich in den *Geiz-Gier-Kreislauf*? Welche Situationen oder Menschen aktivieren diesen Kreislauf bei mir?

Notizen:

___

___

___

___

___

Versuche von nun an, wachsam zu sein, wenn die Emotionen des *Geiz-Gier-Kreislaufs* in dir aktiv werden. Wenn sie dich dominieren, beginnt sich die Abwärtsspirale zu drehen und du wirst innerlich immer unfreier und unzufriedener. Um diese Dynamik zu stoppen, verändere deinen Blick und dein Bewusstsein, denn:

 # Bewusst zu werden, bedeutet, sich wieder frei bewegen zu können.

1. **Wenn du zweifelst und Misstrauen in dich selbst oder in die Situation spürst**, halte inne und rufe dir deine eigenen Fähigkeiten und Talente in Erinnerung. Denke beispielsweise an deine *Wall-of-Fame* aus Regel #2 und besinne dich auf die positiven Möglichkeiten, die du hast, um schöpferisch mit der Situation umzugehen. Damit findest du wieder zurück zu **innerer Gewissheit und Vertrauen.**
2. **Wenn du unsicher bist oder Angst spürst**, gehe mit deiner Aufmerksamkeit zuerst zu deinem Atem, dann in deinen inneren Körper und wiederhole die aufsteigenden Affirmationen #3, die ich dir gleich mit auf den Weg gebe. Damit findest du zurück zur **Geborgenheit im Augenblick.**
3. **Wenn du dich gelangweilt oder getrieben fühlst,** du also unterfordert oder überfordert bist, dann finde einen Aus-

gleich, indem du entweder eine in diesem Moment sinnvolle Tätigkeit aufnimmst oder eben Aufgaben abgibst oder umorganisierst, die dich zu sehr belasten. Damit findest du zurück ins **Gleichgewicht und zum ideal gespannten Leistungsbogen.**

4. **Wenn du in Ablehnung bist und Gefühle von Geiz, also Lebensverneinung, spürst,** dann erinnere dich an Regel #1 und daran, dass viele inneren Muster aus unseren Selbstwertwunden wachsen. Wunden wie »Ich bin nicht satt geworden« oder »Ich bin zu kurz gekommen« schüren unterbewusst die Angst, dass »es nie genug für alle gibt«. Doch indem du dir bewusst machst, dass du dich und andere mit **Großzügigkeit** behandeln darfst und dass diese Großzügigkeit weitere Fülle bringen kann, findest du aus der Enge zurück in die **innere Offenheit.**
5. **Wenn du Rastlosigkeit und Gefühle von Gier, also Sehnsucht nach wahrer Lebendigkeit, spürst,** dann frage dich: Was versuche ich hier zu überspielen, was eigentlich ein Wunsch nach persönlichem Ausdruck und Entfaltung ist? Was kann ich jetzt tun, um mich freudvoll und lebendig zu fühlen? Damit kannst du das Objekt der Gier wieder mit **innerer Gelassenheit** betrachten – und dich klar entscheiden, was du wirklich willst.

Wie du siehst, kann es dir jederzeit gelingen, den *Geiz-Gier-Kreislauf* zu durchbrechen und an deinen *Ganz-genau-genug-Punkt* zu gelangen.

Geiz und Gier erwachsen aus Unsicherheit, Misstrauen und Angst. Dein *Ganz-genau-Genug* hingegen baut auf Klarheit, Selbstsicherheit und Vertrauen in dich selbst und den Moment, in dem du jetzt gerade bist. Sehen wir uns den *Ganz-genau-genug-Punkt* näher an:

Der Ganz-genau-genug-Punkt

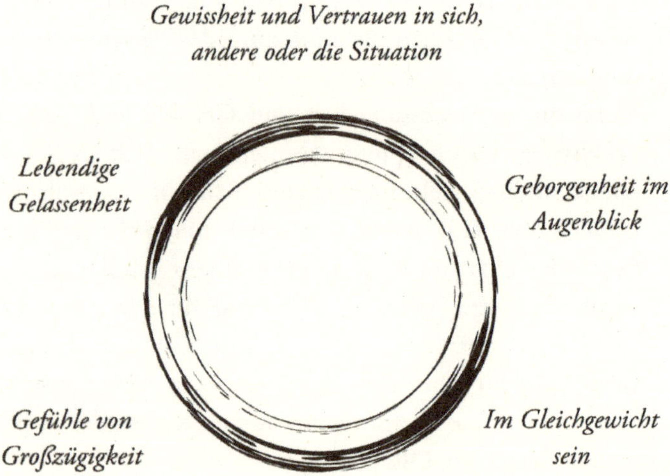

Der *Ganz-genau-genug-Punkt* ist ein lebendiger Gleichgewichtspunkt, der dich trägt und zugleich fördert. Der dich darin unterstützt, deine Vorhaben bewusst und erfolgreich anzugehen. Er baut auf innere Sicherheit, aus der heraus du stark, authentisch und selbstbestimmt auftreten kannst und deine Beziehungen zu anderen und dir selbst erfüllt lebst. Er ist ein Zustand, in dem wir sehr gegenwärtig sind, uns ganz fühlen, aus unserer Tiefe heraus motiviert sind und in dem sich alle 5 Stufen der inneren Sicherheit vereinen.

Die 5 Stufen der inneren Sicherheit am Ganz-genau-genug-Punkt:

1. Gewissheit
2. Geborgenheit
3. Gleichgewicht
4. Großzügigkeit
5. Gelassenheit

Im *Ganz-genau-Genug* baut sich eine Aufwärtsspirale auf, die dich als Mensch in deinem Wachstum unterstützt und dir immer neue Handlungsmöglichkeiten bringt. Es ist ein Zustand höchster kreativer, schöpferischer Kraft und die Grundlage für das *We-are-Creators-Prinzip,* das du in Regel #7 kennenlernen wirst.
Wie du im Vergleich der beiden Kreisläufe erkennst, ist es entscheidend, angstfreier und entspannter zu werden und neues Vertrauen zu schöpfen. Denn du erinnerst dich: Je mehr Angst wir haben, desto weniger wahre Fülle können wir finden. Schaffst du den Wechsel von der äußerlichen Sicherheits*suche* hin zu einem inneren Sicherheits*gefühl* – können sich dein ganzes Leben und dein ganzes Handeln völlig verändern.

 # Der Moment, in dem du aufhörst, an äußere Sicherheit zu glauben, ist der Moment, in dem du frei wirst.

In der Welt der Dinge ist alles dem Wandel unterworfen: Alles hat einen Anfang, einen Höhepunkt, einen Tiefpunkt und ein Ende. Und egal wie sehr wir das oft auch ignorieren, so ist es die unumstößliche Wahrheit. Viel zu oft laufen wir einer Illusion hinterher und wissen dabei doch: Jeder Besitz kann wieder verloren gehen, jede Beziehung kann zerbrechen, jede Karriere enden, jeder Status zerfallen. Besonders gefährlich wird es für uns, wenn wir bei denen Sicherheit suchen, die in ihren Reden noch mehr Ängste schüren und uns dann ihren »Schutz« anbieten. Denn: Wie kann Angst je die Antwort auf Angst sein?
Die Sicherheit, die wir wirklich brauchen, können wir nur selbst entwickeln. In uns. Die Selbstsicherheit, die das Ziel dieses Kapitels ist, ist keine Sicherheit mit Garantien und Siegel, sondern ein Gefühl der Geborgenheit im Augenblick. Des Gleichgewichts, der Gewissheit und Gelassenheit.
Damit können wir uns sicher(er) *fühlen,* auch wenn wir als verwundbarer Mensch in einer verwundbaren Welt nie sicher *sein* werden.

Das Genialste daran ist, dass wir an diese innere Sicherheit *immer* andocken können, wenn wir sie für uns gefunden haben – und das ist Freiheit pur. Denn wenn du dich auch in Krankheit oder Krisen innerlich grundsätzlich stabil fühlen kannst, dann hast du alles gewonnen, was du je gewinnen kannst.

 # An der Pforte zur Hölle stehst nur du selbst. Am Tor zum Himmel auch.

Geiz und Gier treiben uns in unbewusste, unklare Seins-Zustände und knechten uns. Als ich zur Zeit meiner Erschöpfungsdepression wieder einmal völlig ausgelaugt und doch schlaflos, aufgeregt und aggressiv mitten in der Nacht am Küchentisch saß, sagte ich zu meinem Mann: »Ich fühle mich, als wäre ich gegeißelt und gekettet von irgendeiner fremden Macht.« Und von selbst erwiderte meine innere Stimme: »Vom Mammon«. Dieses Wort schoss durch all meine Zellen. Ich googelte »Mammon« und fand das Bild *Der Mammon und sein Sklave* von Sascha Schneider aus dem Jahr 1896. Es zeigt den Mammon als eine große, streng disziplinierte, verhärtete, männliche Gestalt mit Geierkopf. In seiner ganz gerade ausgestreckten linken Hand hält er eine Peitsche mit drei Talern über seinen mit dem Gesicht zum Boden knienden Sklaven. In seiner rechten, nach unten hängenden Hand hält er lediglich eine ganz dünne Kette, die den Sklaven mit einem einfachen, schmalen Ring am Kopf festhält. Der Sklave ist in seiner Statur mindestens so stark und kräftig wie der Mammon, aufrecht stehend sicherlich gleich groß und nur so leicht angekettet, dass er sich eigentlich sofort lösen könnte, doch er kniet ergeben mit dem Blick zur Erde.
In der Dunkelheit der Erschöpfungsdepression und meinem angsterfüllten Getrieben-Sein fühlte ich mich genauso: gelähmt und gefesselt, fremdbestimmt und ohnmächtig – und dabei war ich doch nur von einem seidenen Faden, von meinen eigenen Gedanken und Gefühlen gefesselt, die ich jederzeit hätte ablegen

können. Doch ich schaffte es nicht. Dabei gierte ich gar nicht nach Geld! Ich versuchte, eine Angst zu stillen – und konnte nicht satt werden. Ich suchte nach Sicherheit. Nach Schutz. Und meinte, sie in Leistung, Zugehörigkeit und finanzieller Sicherheit finden zu können. Und so, wie meine Leistung, die Anerkennung und die Umsätze wuchsen, so wuchs leider auch die Angst, alles nicht halten zu können, es wieder zu verlieren und dann noch mehr unter Druck zu stehen.

Wenn wir heute den Erwartungs-Enttäuschungs-Dualismus durchschauen, dann ist klar, warum sich mein angsterfülltes Leben so entwickeln konnte. **Denn in jeder Erfüllung eines angstgeleiteten Bedürfnisses liegt die Geburtsstunde einer größeren Angst** – und damit neuer Druck und neue Unsicherheit. Das ist Brennstoff für den *Geiz-Gier-Kreislauf*. Wir erschaffen uns unsere eigene Hölle. Aber auch unseren eigenen Himmel.

Erst als ich bereit war, nach meinen dahinter liegenden Ängsten zu suchen, sie ans Licht zu holen, ihnen einen Namen zu geben und mich ihnen zu stellen, konnte ich aus diesem zerstörerischen Kreislauf aussteigen und die Fülle finden, die mich tatsächlich befriedigt.

Je besser wir unsere Ängste kennen, desto bewusster können wir mit ihnen umgehen. Wir können sie neutraler beobachten, gelassener auf sie reagieren und sie im besten Fall sogar überwinden. **Denn Sicherheit und Vertrauen sind keine Verdienste für äußere Leistungen. Sie sind das Ergebnis eines inneren Perspektivenwechsels und das Geschenk an die Mutigen.** Finden wir also die Ängste, die uns antreiben, dann finden wir auch die Tore, die uns den Ausweg aus dem *Geiz-Gier-Kreislauf* ermöglichen.

 # Jedes gefundene *Ganz-genau-Genug* ist höchst heilsam für uns, da es uns von einer darunter liegenden Angst befreit.

Meine Angst-Antreiber

Betrachte nun die Lebensbereiche, in denen du im *Geiz-Gier-Kreislauf* lebst, noch genauer. Finde heraus, welche Befürchtungen da sind, und überlege dir, welche dahinter liegenden Ängste – wie zum Beispiel die Angst vor dem Versagen, vor sozialem Absturz, wirtschaftlicher Knappheit, Einsamkeit, gesellschaftlichem Ausschluss, Konflikt, Gewalt, Strafe, Ohnmacht, Liebesentzug, Schande, usw. – dich unterbewusst steuern.

Vervollständige dazu folgende Sätze für dich:

- In meinem Berufsleben verhalte ich mich überengagiert/zu unterwürfig, weil ich befürchte, dass …
- Diese Befürchtung kommt aus meiner dahinter liegenden Angst, …
- In meinem Privatleben investiere ich viel zu viel Energie in die Bedürfnisse anderer/ziehe ich mich viel zu sehr zurück, weil ich befürchte, dass …
- Diese Befürchtung kommt aus meiner dahinter liegenden Angst, …
- In meiner Persönlichkeitsentwicklung überschütte ich mich mit Informationen und Inputs, sodass ich nichts mehr wirklich umsetzen kann,/wage ich den Weg zu höheren Zielen erst gar nicht, weil ich befürchte, dass …
- Diese Befürchtung kommt aus meiner dahinter liegenden Angst, …

Gerne kannst du dazu auch noch mal in deinen Klarheits-Clustern #1 und #2 nachschlagen und schauen, welche Ängste vielleicht auch mit deinen schwächenden Selbstwertwunden (#1) und Illusionen (#2) verbunden sind. Sie sind besonders prägend für dich, und es wird sich sehr lohnen, dich ihnen zu stellen und dich auf Erfahrungen einzulassen, die dir die Möglichkeit bieten, neues Vertrauen aufzubauen.

 # Werde souverän. Und du bist sicher.

Dieser Schritt des Souverän-Werdens, also des Mich-über-die Ängste-Stellens, war in meinem Leben von absolut grundlegender Bedeutung. Als ich den Zusammenhang zwischen meinen Ängsten und meinen Entscheidungen und Nicht-Entscheidungen klar erkannt hatte, lösten sich meine Probleme nicht binnen Sekunden auf, aber ich konnte sie binnen Sekunden als das erkennen, was sie wirklich waren. Ich war mir bewusst geworden, was hinter dem Vorhang lag – und konnte ab sofort jedes Mal, wenn ich wieder von diesen Ängsten gesteuert wurde, einlenken und mich für einen anderen Weg entscheiden. Und das ist der springende Punkt!
So habe ich mir beigebracht, außerhalb des Angstweges zu gehen und dort neue, stärkende Erfahrungen zu machen. Denn so seltsam es klingt: Wir wiederholen schädliche Handlungen und Muster, unter denen wir leiden, ständig. Einfach weil sie etwas Gewohntes sind, ein Teil unserer (wenn auch schmerzlichen) Komfortzone. Darum müssen wir, wenn wir uns unseren Ängsten stellen und über unsere Muster hinauswachsen wollen, auch unsere gewohnten Entscheidungswege verlassen – um wirklich neue, prägende Erfahrungen möglich zu machen und wirklich wachsen und heilen zu können, wie wir es später in Regel #7 genauer lernen werden.

Mutig werden heißt risikobereit werden. Sich sicher zu sein, heißt, seiner Unsicherheit etwas entgegenzuhalten. Für mich hieß das damals, als ich ganz unten war, auch ganz unten an der Basis anzufangen: Ich habe es »riskiert«, Aufträge und Anfragen abzulehnen, Zeitpläne zu verändern und meine Erreichbarkeit massiv einzuschränken. Damit habe ich die heilsame Erfahrung zugelassen, dass ich trotzdem erfolgreich und bei meinen Kunden gefragt bleibe. Und durfte sehen, dass der Wert meiner Leistungen dadurch sogar noch stieg. Genauso musste ich lernen, auch einmal nicht für andere da zu sein, mich nicht über meine eigene Belastungsgrenze hinaus zu engagieren und mitzufühlen – und habe damit die heilsame Erfahrung zugelassen, dass gesunde Freundschaften auf gesunden Grenzen bauen.

Manches mag für dich einfach oder selbstverständlich klingen und deine Lernaufgaben liegen vielleicht gerade in anderen Bereichen. Doch egal an welchem Punkt wir dabei auch stehen: Der Weg der Selbstermächtigung und Selbstsicherheit verläuft für jeden anders, doch er verlangt immer unsere ganze Ehrlichkeit und dass wir über das theoretische Wissen und Verstehen hinausgehen, ins Handeln und Umsetzen kommen und neue Erfahrungen zulassen. Nur so können wir neue Überzeugungen festigen, Gewissheit und Sicherheit aufbauen. Und das Großartige ist: Mit jeder positiven Erfahrung wird es leichter, sich noch weiteren größeren Ängsten zu stellen – und sie als nicht (mehr) gültig, als nicht (mehr) angemessen oder schlichtweg als blanken Irrtum oder Illusion zu entlarven. Das *ist* Befreiung. Darum frage dich:

 # Was will ich riskieren, um freier und sicherer zu werden?

Damit du in fordernden Situationen mental und emotional besser gewappnet bist, habe ich auch in Regel #3 neue, kraftvolle aufsteigende Affirmationen für dich vorbereitet.

Aufsteigende Affirmationen #3:
Ich bin sicher

Immer wenn Angst und Unsicherheit auftauchen und dich in den *Geiz-Gier-Kreislauf* stürzen wollen, erkenne es, halte inne und besinne dich auf deine innere Sicherheit. Wiederhole dazu diese Affirmationen selbst oder höre dir die Audiodatei auf www.findeklarheit.de/buchdownloads an.

Ich bin sicher

Ich bin sicher und weiß, dass mein Weg sich gut und immer noch besser entwickelt. Alles geschieht zu meinem Besten und zu meinem Wachstum. Ich kann vertrauen. Ich kann in Gewissheit leben. Ich bin voll Mut und Zuversicht. Alles entwickelt sich hin zu mehr Harmonie und immer größerer Gelassenheit. Ich kann loslassen und entspannen. Ich weiß, dass immer bestens für mich gesorgt ist. Ich habe genug von allem. Ich bin satt und zufrieden. Alles ist gut, so, wie es ist. Ich fühle mich ganz. Ich werde gesehen. Ich werde geachtet. Ich werde geliebt, so, wie ich bin. Ich bin großzügig. Ich gebe gerne. Ich nehme gerne. Ich liebe das Leben. Ich bin gerne in dieser Welt. Ich lebe in Fülle und lasse sie in alle Bereiche meines Lebens strömen. Ich bin zufrieden mit mir. Ich liebe und akzeptiere mich voll und ganz. Ich spüre Sinn und Stärke. Ich gehe meinen Weg genau so, wie es für mich richtig ist. Ich schätze alles, was ich habe. Ich bin offen für alles Gute, das zu mir kommen möchte. Ich bin dankbar. Ich bin voll Freude. Ich bin ausgeglichen. Ich vertraue. Ich fühle mich sicher. Ich bin im Gleichgewicht.

Tipp:

Wenn du in einer Lebensphase mit großer Verunsicherung bist, dann höre dir diese Audiodatei für mindestens vier Wochen jeden Tag morgens und abends an. Übe es, die dir vielleicht gerade fremd erscheinenden Gefühle von Sicherheit und Geborgenheit wieder neu zu fühlen, sie ganz in dir aufleben zu lassen und deinen Körper und deinen Geist daran zu erinnern, dass Sicherheit eine Emotion ist, die du selbst in dir erzeugen und entstehen lassen kannst.

 # Wie könntest du nach etwas verlangen, wenn du dich vollständig fühlst?

Wenn wir in unser *Ganz-genau-Genug* gefunden haben, dann ändert sich unsere Haltung: Wir stehen stabil und sicher im Leben. Dieses Gleichgewicht, dieser süße Punkt der Balance, ist jedoch nichts Statisches, nichts, das uns zufrieden erstarren lässt, sondern eine Position, die uns lebendiger und handlungsfähiger als je zuvor macht. **Denn sind wir im *Ganz-Genau-Genug,* dann verlieren wir keine Energie mehr an die extremen Pole.** Wir verlieren uns nicht mehr in Über- oder Unterforderung, in falscher Fülle oder im künstlichen Mangel, sondern wir konzentrieren unsere Kraft in uns und im Moment. Wir werden freier von Erwartungen und damit sicherer vor Enttäuschung. Wir sind freier von Angst und damit kreativer im Augenblick. Wir lassen feste Vorstellungen los und gehen offener auf das Unbekannte zu. Damit nähern wir uns unserem wahren Ich und all den Abenteuern, die uns dort erwarten. Und zwar in jedem Bereich: beruflich, privat und persönlich.

Flow Writing #3: *Mein* Ganz-genau-Genug

Du hast nun so viele neue Einblicke in deine inneren Welten rund um Angst, Geiz und Gier gewonnen. Wandle sie nun in

Klarheit darüber um, wie dein ganz persönliches *Ganz-genau-Genug* für dich aussieht.
Erschaffe dazu ein starkes inneres Bild davon, wie du aus deinem *Ganz-genau-genug-Punkt* heraus lebst und handelst. Wie es aussieht, wenn du ganz genau genug gefordert, sozial ganz genau genug eingewoben bist, du ganz genau genug wachsen und dich entfalten kannst, um das in die Welt zu bringen, was dich und andere erfüllt. Damit Gewissheit, Geborgenheit, Gleichgewicht, Großzügigkeit und Gelassenheit die Grundgefühle deines Lebens werden können.

Beschreibe nun im Flow Writing, gerne auch mit der Audiodatei Flow Writing #3 auf www.findeklarheit.de/buchdownloads, wie dein Leben im *Ganz-genau-Genug* aussieht:

1. Beruflich: Mein perfekt gespannter Leistungsbogen
Der perfekte Punkt zwischen Über- und Unterforderung, zwischen für mich gewohnten Arbeiten und neuen, kreativen Herausforderungen, zwischen Ansporn und erreichten Erfolgen sieht für mich so aus:

____

____

____

____

Um diesen Punkt zu erreichen, werde ich:

- ____________________________
- ____________________________
- ____________________________

Tipp:
Man sagt, dass wir mit 20 Prozent unserer beruflichen Tätigkeiten 80 Prozent unseres Erfolges generieren. Überlege, welche Tätigkeiten das bei dir sind und wie du dich vielleicht mehr auf sie fokussieren und anderes abgeben oder streichen kannst.

2. Privat: Meine gesunde Social-Life-Balance
Der gesunde Punkt zwischen Zeit für Familie und Freunde und Zeit für mich, zwischen Besuchen sowie Einladungen und Ruhephasen, zwischen Gerne-Helfen und Nein-sagen-Können, zwischen Geben und Nehmen sieht für mich so aus:

____

____

____

____

Um diesen Punkt zu erreichen, werde ich:

- ____________________________________
- ____________________________________
- ____________________________________

Tipp:
Ein wunderschöner Satz für mehr Social-Life-Balance: Gehe nur dorthin, wo dich Wärme, Geborgenheit und Sicherheit empfangen.

3. Persönlich: Mein ideales Wachstumsfeld
Der ideale Punkt zwischen Inspiration für mein Wachstum und Raum, diese Inspiration auch wirken zu lassen, zwischen dem Anspruch an mich selbst und der Güte, mich so anzunehmen, wie ich jetzt gerade bin, sieht für mich so aus:

____

____

____

____

Um diesen Punkt zu erreichen, werde ich:

- ____
- ____
- ____

Tipp:

Eine wunderbar intelligente und sehr empathische Frau kam zu mir in die Beratung und erzählte mir, wie euphorisch und glücklich sie war, als sie sich vor einem halben Jahr entschlossen hatte, ihre Lebensthemen anzugehen und sich zu entwickeln. Jetzt, sechs Monate später, fühlte sie sich allerdings depressiv, niedergeschlagen und orientierungslos. Warum?

Weil sie sich in viel zu kurzer Zeit viel zu viele verschiedene Inputs und Impulse von allen möglichen Coaches und LehrerInnen geholt hatte und zwar mental alles wie ein Schwamm aufgesaugt, doch nichts vom Verstehen ins Verkörpern gebracht hatte. Wir listeten also zuerst alle Inspirationsquellen auf, die sie derzeit nutzte, und erstellten mit folgender Frage (an ihr Herz, nicht ihren Verstand) eine neue Prioritätenliste:

»Welcher dieser Coaches ist *genau jetzt* richtig für mich und meine Entwicklung?«. Die Antwort aus ihrem Herzen war klar, und wir vereinbarten, dass sie sich nun vier Wochen lang ausschließlich auf diesen einen Coach und seine Tipps und Inhalte konzentrierte. Sie musste keines ihrer Ziele oder ihrer Vorhaben streichen, sondern sie schlichtweg zeitlich ordnen. Sie war sehr überrascht und sagte: »Ich hätte nie gedacht, dass man auch vom

Guten zu viel haben kann.« Und spürte eine große Erleichterung, nicht alle Schritte auf einmal gehen zu müssen, nicht alles auf einmal integrieren zu wollen, sondern sich die Zeit zu geben, die sie brauchte, um die innere Heilung auch stattfinden zu lassen. Nach dem Ablauf der vier Wochen Fokus auf eine Quelle fragte sie sich erneut »Welcher dieser Coaches ist genau jetzt richtig für mich und meine Entwicklung?« und ging ihren Weg wieder für vier Wochen fokussiert weiter. Mit der Gewissheit, dass sie Zeit und Raum hatte, es wirken zu lassen. Sie ging ihren Weg in der Geborgenheit ihres eigenen Tempos und im Gleichgewicht mit allen anderen Tätigkeiten ihres Alltags. Sie hatte ihr *Ganz-genau-Genug* erkannt.

Vervollständige dein Klarheits-Cluster #3

Damit deine Klarheit stabil und immer tiefgreifender wird, übertrage die wichtigen Erkenntnisse aus Regel #3 nun in dein Klarheits-Cluster. Bringe dort gesammelt auf den Punkt, was dich in den *Geiz-Gier-Kreislauf* bringt, wie dein *Ganz-genau-Genug* in den verschiedenen Lebensbereichen für dich aussieht – und mit welchen positiven Erfahrungen du Vertrauen und innere Sicherheit finden möchtest.

Je öfter du deinen *Ganz-genau-genug-Punkt* erreichst und aus ihm heraus agieren kannst, desto mehr wirst du sehen, wie dein Vertrauen und deine Großzügigkeit dir selbst und anderen gegenüber wachsen. Du wirst weniger Angst und dafür mehr Fülle und Freude spüren und dich im Ganz-Sein, im Heil-Sein erleben.

Klarheits-Cluster #3:
Mein Ganz-genau-genug-*Punkt*

Geiz-Gier-Kreisläufe in meinem Leben	Ängste, die dahinter liegen	Mein beruflicher *GGG-Punkt* braucht	Mein privater *GGG-Punkt* braucht	Mein persönlicher *GGG-Punkt* braucht

Selbst*heilung*

REGEL #4:

Wage es, heil zu werden

Heil-Sein heißt im Kern ganz bleiben.

Klingt diese Regel nicht seltsam? Wage es, heil zu werden. Was soll »heil sein« überhaupt bedeuten, und warum sollten wir es »wagen« müssen? Ist es nicht bedingungslos großartig, wenn wir heilen? Wenn es uns immer besser und besser geht? Wenn wir immer mehr Schatten und Unklarheit hinter uns lassen und immer strahlender werden? Ja, rein theoretisch schon. In der Lebenspraxis jedoch läuft der Prozess des Heil-Werdens, des Wachsens, des Wahr- und Authentisch-Werdens oft ganz anders ab. Denn in der Realität ist das Heilen und Reifen ein ziemlich heftiger Prozess. Ein Prozess, der keinen Bereich unseres Lebens auslässt und uns massiv konfrontiert: mit uns selbst, mit unserem Umfeld und mit der Welt.

Denn zwangsläufig wird immer, wenn etwas größer wird, etwas anderes klein und muss verabschiedet werden. Immer wenn etwas wieder ganz wird, wieder rundläuft, rollt es plötzlich ganz anders und schneller und bewegt sich in andere Richtungen als bisher. Und genau das, dieses Nicht-mehr-Hineinpassen, dieses Verabschieden-Müssen und diese Richtungswechsel, die das Heil-Werden mit sich bringt, ist das, was unseren Mut, unsere Ausdauer und unsere Klarheit sehr fordern kann. Denn die beiden Begriffe Selbstheilung und Heil-Sein sind hier in Regel #4 nicht als die Abwesenheit von Krankheit oder als das plötzliche Auflösen von Symptomen oder Krisen zu verstehen, sondern meinen hier: **ein wachsendes Gefühl von Ganzheit, von Stabilität, Selbstermächtigung und Selbstbestimmtheit. Ganz egal, wie die Umstände gerade sind.**

Heil-Sein in meinem Verständnis bedeutet auch nicht, dass nichts Unheilvolles mehr passiert oder existiert, sondern dass wir gelernt haben, mit Bedacht und Klarheit darauf zu reagieren. Es bedeutet, ein Leben zu führen, in dem wir uns nicht mehr auf das Drama und das Negative konzentrieren, sondern darauf, welche Haltung wir selbst dazu einnehmen (können). Und diese Form des Heil-Seins ist gerade in Krisenzeiten oder in Phasen der Krankheit eine tägliche Herausforderung, für die ich dir hier in Regel #4 neue Impulse und Gedanken mitgeben möchte.

Sehen wir Selbstheilung daher auf diesen folgenden Seiten als einen Wachstumsprozess des Bewusstwerdens und des Hinschauens an. Als ein Klar-Werden, das uns befreit: Weil es uns ermöglicht, unsere Irr-Identifikationen aufzugeben und aus unseren Abwärtsspiralen auszusteigen. Und mit jedem Mal, mit dem wir das Drama hinter uns gelassen haben, wachsen unsere Klarheit und unsere innere Harmonie weiter.
Das Spannende und auch Verzwickte daran ist jedoch, dass wir auf diesem Weg zur authentischen Ganzheit zwar stärker und stabiler werden, aber dafür auch einen gewissen Aspekt unserer Macht abgeben müssen: **die *Macht des Leidens.*** Und in dem Moment, in dem wir uns von der *Macht des Leidens* lösen, entziehen wir sie auch den Menschen um uns herum. Und das kann ganz schön holprig werden. Denn die *Macht des Leidens* ist eines der größten Tabus in unserer Gesellschaft und – meiner Beobachtung nach – eines der stärksten Druck- und Manipulationsmittel überhaupt. Daher ist es heute mehr als provokant zu sagen:

 # Man muss sich auch gefallen im Leiden.

Seit ich diesen Satz zum ersten Mal vom Schweizer Poeten Jürg Halter gehört habe, beschäftigt er mich. Er knallt uns eine so gigantisch große und zugleich so verleugnete Wahrheit direkt vor die Stirn: »Man muss sich auch gefallen im Leiden.« Wenn wir diesen Satz etwas sacken lassen, so fallen uns viele Menschen ein, auf die diese provokante Feststellung zutrifft. Und es lohnt sich zu überlegen, wie viele Momente, Situationen und Phasen es in unserem eigenen Leben gab, in denen wir uns in unserem Leiden gefallen haben. In denen wir *gerne* schwach, krank, das Opfer anderer oder der Umstände waren, in denen wir uns gerne aggressiv und zornig verhalten haben. Schlichtweg weil es uns einen Vorteil gebracht hat. Weil wir damit die *Macht des Leidens* für uns nutzen konnten: sei es als Kind, das Bauchschmerzen hat, um die Aufmerksamkeit der viel beschäftigten Eltern zu bekommen. Sei es als Teenager mit immensem Liebeskummer, um dem ganzen Freundeskreis zu demonstrieren, auf welche Seite sich jetzt gefälligst jeder zu stellen hat. Oder als Erwachsener, der ständig lauthals unter dem Chef bzw. der Chefin oder den KollegInnen leidet und dabei ständig betont, dass er ohne diese von ihm abhängigen Idioten schon längst ganz oben wäre.

Die Macht des Leidens gibt uns

- die Möglichkeit, uns auch unnötiger- oder unberechtigterweise als Opfer darzustellen und in künstlicher Schwäche zu leben.
- eine Rechtfertigung dafür, die Verantwortung nicht tragen, wichtige nächste Schritte nicht gehen zu müssen und im Schutz von Trägheit und Angst zu verbleiben.
- ein Druckmittel, um anderen ein schlechtes Gewissen zu machen oder sie zu Handlungen zu nötigen, die sie einer nicht leidenden Person verweigern würden. Um sie also in die *gefügige Empathie* zu drängen.

Wie du siehst, sammeln sich hier all die Kräfte, die wir bereits kennengelernt haben, und verdichten sich. Egal ob Menschen in ihren *Mustern des Müssens* (Regel #1) gefangen sind, ob sie ein illusionsgetrübtes Schattendasein (Regel #2) führen oder ununterbrochen im *Geiz-Gier-Kreislauf* leben (Regel #3): Sehr häufig manifestiert sich dieser innere Zustand in einem tatsächlichen körperlichen oder psychischen Leiden. Die Angst, die alledem zugrunde liegt, schwillt unter den Gefühlen von Zweifel, Sorge, Ablehnung oder Anhaftung immer weiter an. Doch wir lenken uns ab, verharren weiter in unseren Mustern, bleiben unbewusst und reagieren unüberlegt – und überspielen damit die wahren Gefühle, die da sind und uns zur Klarheit führen wollen. Neben all den Irrwegen, auf die uns das persönlich, beruflich und gesellschaftlich bringt, hat dies noch eine weitere Nebenwirkung: Unterdrückte, ungelebte und ungeheilte Gefühle schwächen nachweislich unser Immunsystem. Sie fluten unser System und aktivieren unsere neurologische Stresshormonachse, die vom Hypothalamus über die Hirnanhangdrüse bis zu den Nebennieren führt. Dort sorgen sie für eine vermehrte Produktion der Stresshormone Adrenalin, Noradrenalin und Cortisol. Dauern diese inneren Zustände an und schaffen wir es nicht, immer wieder Entlastung, Entspannung und emotionales Gleichgewicht herzustellen, stören diese zu hohen Stresshormonspiegel die Regelkreise anderer Hormonsysteme im Körper. Als Folge belasten diese körperlichen und psychischen Stressreaktionen unser Herz, unseren Blutdruck, sie schwächen Organe wie Nieren und Magen,[viii] machen uns depressiv, verursachen schlechte Wundheilung, Schlaf-, Konzentrations-, Libido- und Zyklusstörungen. Sie begünstigen verschiedenste Infektionskrankheiten und sogar die Entstehung von Krebs, wie neben vielen anderen Quellen auch die Deutsche Gesellschaft für Endokrinologie e. V. (DGE) betont.[ix] Doch nicht nur das: Unsere Emotionen haben Einfluss auf unsere verhaltensabhängigen Gene. Verhaltensabhängige Gene können wir als Dreh- und Angelpunkte zwischen Körper und Geist sehen, die ein körperliches Gegenstück zu unseren mentalen und psychischen Zuständen erschaffen wollen.

Die Forschung zeigt uns deutlich, dass bestimmte Gedanken- und Gefühlszustände unsere körperliche Gesundheit beeinflussen. Ganz vereinfacht heißt das für uns:

- **Unter emotionalem Stress** leben wir im *Kampf-Flucht-Modus,* der die verschiedensten körperlichen und psychischen Folgen nach sich ziehen kann.
- **Im emotionalen Gleichgewicht** leben wir im *Wachstums-Heilungs-Modus,* in dem Stresshormone abgebaut werden, unser Immunsystem wieder hochfährt und in dem sich unsere Zellen regenerieren können.[x]

 # Sind wir eins mit unserem Leiden, sehen wir Grenzen und Rückschläge statt Möglichkeiten und Erfüllungen.

Eines der Hauptprobleme dieser Tatsache ist, dass es uns zunehmend schwerfällt, den *Kampf-Flucht-Modus* zu verlassen und im emotionalen – und damit auch neurobiologischen und neurochemischen – Gleichgewicht zu leben. Wir sind schon so sehr an unsere negativen Gedanken, an unsere Sorgen und inneren Zweifel gewöhnt, dass wir diesen Zustand gar nicht mehr hinterfragen. Millionen Menschen leben in chronischem mentalem Stress und sind in einer Endlosschleife von inneren Monologen über Schmerz aus der Vergangenheit und Angst vor der Zukunft gefangen. Wir glauben, das sei ganz normal, und erzeugen auf unseren neurologischen Trampelpfaden immer noch mehr negative Gedanken und Emotionen. Der oft schwere Grundton der Gesellschaft und der Medien bestätigt uns diese leidvolle »Normalität«. **Doch das ist eine hochgefährliche Irr-Identifikation, durch die aus Leiden meist noch größeres Leiden entsteht. Für uns selbst wie für andere.**

Die Einwirkung von Stresshormonen macht uns zu Menschen, die immer noch fremdbestimmter leben und damit immer noch mehr an sich selbst vorbeileben. Denn der *Kampf-* oder *Flucht-Modus* verändert nicht nur unsere innere Biochemie, sondern auch unsere Wahrnehmung der Welt, unserer Mitmenschen und die von uns selbst. Wie wir schon in Regel #3 gehört haben, macht uns Stress zu Materialisten: Unsere fünf Sinne sind überaktiviert, wir sind überreizt und in Alarmbereitschaft. Wir laufen mit einem Tunnelblick durch die Welt, der ständig darauf fokussiert ist, mögliche Gefahren zu erkennen. Unbewusst suchen wir überall nach Bedrohungen, Feinden oder Warnhinweisen, weil wir uns im *Kampf-Flucht-Modus* schützen wollen. Dieses im Grunde großartige System half uns in der Frühzeit zu überleben, doch heute ist die Gefahr sehr subtil geworden: Vielen genügt ein Signalton ihres Smartphones oder ein Fremder in der Straßenbahn – und die sogenannte Stressachse wird aktiviert. Doch wann findet sich die nötige Entspannung – das Gefühl, wieder sicher zu sein –, wenn wir im Schnitt alle elf Minuten eine neue digitale Nachricht empfangen und privater wie beruflicher Stress unseren ganzen Alltag bestimmt? Wenn auf einen Tag voll Druck ein Abend mit finanziellen Sorgen oder Existenzängsten, Diskussionen mit dem Partner, verstörenden Weltnachrichten und zur »Beruhigung« schließlich ein hochdramatischer Netflixfilm folgen? Und wir nach einer schlechten Nacht mit zu wenig Schlaf als Erstes wieder unser Smartphone entsperren und alles von vorne beginnt …?

Wo ist da das Gegenprogramm? Wie finden wir wieder in den *Wachstums-Heilungs-Modus?* Wo ist da das Gefühl, ruhig und rundzulaufen und auch mal loslassen zu können? An sehr vielen Tagen fehlt es gänzlich. Umso mehr laufen wir mit der Brille der gejagten Materialisten und depressiven Ruhesuchenden durch unser Leben. Und das belastet nicht nur unseren Körper, sondern auch unseren Charakter: Vieles, das wir selbst lernen sollten (und in Wahrheit auch möchten), projizieren wir auf andere. Sowohl unsere unterdrückten Schwächen (»Also er muss ja echt mal lernen, mit sich selbst klarzukommen!«) als auch unsere unterdrückten Stärken (»Wer glaubt sie denn zu sein, sich so präsentieren zu können!«).

Wenn wir leiden, beobachten wir die Nicht-Leidenden mit scharfem Blick. Wir nennen sie stolz, privilegiert oder naive Gutmenschen und warten insgeheim darauf, dass sie (auch) leiden, um unser verzerrtes Selbstbild bestätigen zu können.

Erkennst du das emotionale Feld, das hier unter der *Macht des Leidens* entsteht? Es ist ein Feld aus Angst, Missgunst, Neid und Eifersucht, das nicht nur uns selbst, sondern auch unsere Beziehungen vergiftet. Dieses Feld engt uns ein. Es beraubt uns des Kostbarsten, was wir meiner Meinung nach haben: **das Vertrauen darauf, dass wir selbst stark und fähig sind, unser Leben und die Welt positiv zu gestalten.**

 # Solange wir unser Leid sind, berauben wir uns der Chance, wir selbst zu werden.

Es ist so wichtig, diesen inneren Perspektivenwechsel zu vollziehen, denn unter der *Macht des Leidens* können wir Krisen und Krankheiten nicht mehr als vorübergehende Ereignisse erkennen, sondern wir ordnen ihnen uns selbst und unser ganzes Leben unter. Wir geben ihnen enorm viel gedankliche und emotionale Energie und sind mit unserem Leid »identifiziert«. Wir werden in der Wortherkunft also damit »gleichartig, deckungsgleich oder entsprechend«[xi]. Das Leiden und wir sind eins. Alles wird mit diesem Leiden gerechtfertigt und erklärt, und unsere eigene Geschichte dreht sich nicht mehr um unsere Möglichkeiten und Erfüllungen, sondern nur noch um unsere Grenzen und Rückschläge. Wir schwächen uns selbst so weit, bis wir stagnieren. Daher ist die These in Regel #4:

 # Je mehr du dich mit deinem Leid identifizierst, desto weniger kannst du wachsen.

Solange wir eins sind mit unserem Leiden, können wir uns nicht frei entwickeln und entfalten. Dabei sagt der Volksmund doch, dass wir im Leiden wachsen! Dass wir stärker werden durch alles, was uns nicht umbringt. Darin liegt selbstverständlich ein wahrer Kern, denn **jedes Hindernis ist eine Herausforderung.** Nehmen wir sie an, kommen wir auf eine neue Stufe. Doch leider gibt es in der modernen Welt so viele Möglichkeiten zu schummeln. Hindernisse nicht zu überwinden, sondern uns unten durch zu schlängeln oder uns oben drüber tragen zu lassen. Uns über das nötige Maß hinaus mit Medikamenten oder auch mit Suchtmitteln zu beruhigen, Symptome und Schmerzen auszublenden und die wichtigen Entscheidungen an andere abzugeben. Dann wird das Vermeiden zur Verantwortungsflucht, die uns – wie wir aus Regel #2 wissen – den Zugang zu unserer wahren, menschlichen Macht und kreativen Kraft versperrt.

 # Unsere Unfähigkeit, zu heilen, entsteht dadurch, dass wir die Einsicht ablehnen, dass Heilung überhaupt nötig ist.

Der erste, grundlegende Schritt ist also der, dir in neuer Ehrlichkeit einzugestehen, wo du dich zu sehr mit deinen Leidensgeschichten oder dem Leiden der Gesellschaft identifizierst, um diese Irr-Identifikation im nächsten Schritt aufzuheben. Denn du *bist* nicht dein Problem.

Ganz plakativ sehen wir diese Identifikation mit Leiden und Problemen immer dann, wenn beispielsweise ÄrztInnen über ihre PatientInnen in den Klinikzimmern nicht mit dem Namen, sondern mit der Diagnose sprechen: Da ist der Hochdruck auf 112, der Reizdarm auf 118, die Embolie auf 224. Was im fordernden Klinikalltag aus »praktischen« Gründen geschieht und selbst dort befremdlich klingt, sollten wir im Privaten unbedingt vermeiden! Denn wir sind nicht unsere Migräne, nicht unser Tumor, nicht unsere Depression, nicht unsere schlimme Scheidung, nicht unsere Jobsuche. Wir sind *wir* – und die Krankheit, das Leid oder die schwierige Lebenssituation ist *jetzt* gerade ein Teil unserer Gesamterfahrung, mit der wir nach Kräften konstruktiv umgehen wollen. Das Ziel dabei ist aber nicht, dass du deine Schmerzen oder deine Schicksalsschläge herunterspielst, sondern dass du dich über sie stellst. Sieh dir diese Darstellung an:

Im linken Bild wirst du schier von deinen Problemen und Krisen begraben. Sie dominieren dich, deine Gedanken und Gefühle. Ihr Gewicht lastet schwer auf dir und behindert dich in deinem Wachstum. Du kannst dich gedanklich und emotional kaum frei bewegen, fühlst dich überfordert, deine Perspektive auf dein Leben ist sehr eingeschränkt, und je größer die Lasten werden, desto mehr droht der Zusammenbruch.

Im rechten Bild sind die Diagnosen, Probleme und Krisen noch ganz genau gleich groß und gleich schwer. Sie haben sich nicht in Luft und Liebe aufgelöst, aber sie dominieren dich nicht mehr. Warum? **Weil du die Position verändert hast.** Schlicht und einfach. Du hast dich mental und emotional an einen anderen Platz gestellt – und von dort aus kannst du nun wieder freier sehen, freier atmen und dich freier weiterentwickeln. Du kannst mit etwas Distanz auf die Lasten blicken und sie damit besser annehmen, besser beobachten, besser verstehen und schließlich besser meistern. Du findest wieder Raum, mit etwas Abstand zu den Dingen zu entspannen, dich zu erholen, die Stressreaktionen deines Systems zu mindern und in den *Wachstums-Heilungs-Modus* zu kommen. Du hast dich deinen Herausforderungen neu gestellt – im wahrsten Sinne des Wortes.

#Wenn sich deine Haltung ändert, ändert sich alles.

Unsere Haltung im Leben entscheidet darüber, ob wir uns als fremdbestimmtes Opfer wahrnehmen oder ob wir unser Leben proaktiv gestalten. Eine stabile Haltung ist jedoch keine große Geste im Außen, sondern eine innere Arbeit. Sie ist eine klare und kraftvolle Position, die wir zuerst in unseren Gedanken und Emotionen einnehmen, bevor sie im Außen sichtbar wird.
Um dich bei Regel #4 nun darin zu unterstützen, diese Haltung zu finden und zu stärken, habe ich wieder verschiedene Übungen für dich vorbereitet. Als Erstes möchte ich dir eine Übung zeigen, die dir auf einer zunächst symbolischen Ebene zu mehr Klarheit und Freiheit verhelfen kann. Probiere sie aus und beobachte dich dabei aufmerksam.

Ich stelle mich meinem Leiden neu

Im ersten Schritt dieser Übung lade ich dich ein, die Leidensthemen aufzulisten, mit denen du dich aktuell identifiziert oder konfrontiert siehst. Notiere, was dich gedanklich und emotional sehr beschäftigt und dich an deinem Wachstum hindert.

In meinem Leben leide ich unter

- ________________________________
- ________________________________
- ________________________________

Wo stehst du?
Im zweiten Schritt hast du nun die Möglichkeit, deine Position zu diesen Themen deutlicher zu erkennen und sie symbolisch für dich zu verändern.
Mit dem repräsentativen Aufstellen von Problemen oder Leidenssituationen in Form von Zeichnungen, Symbolen oder tatsächlichen Menschen, wie etwa in Familienaufstellungen, werden in der systemischen Beratung fundamentale Erfolge erzielt. Auch du kannst diese Technik nutzen und dir damit über deine aktuelle Position klar werden. Selbstverständlich ersetzt diese Übung keine professionelle, systemische Sitzung. Sie dient jedoch dazu, deine neue Ehrlichkeit zu schulen und dich selbst darauf aufmerksam zu machen, wie du deine innere Haltung vielleicht verändern kannst, um dich deinen Leiden neu zu stellen.
Nimm dazu entweder
a. ein Brett oder Tablett mit verschiedenen Bauklötzen
b. oder Stift und Papier.

Variante a mit Brett und Bauklötzen:
Wähle einen oder mehrere Bauklötze für deine Probleme, Krankheiten oder Leiden und platziere ihn oder sie auf dem Brett. Wo und wie stehen sie?
Wähle nun einen Bauklotz für dich selbst und platziere ihn ebenfalls auf dem Brett: Wo stehst du? In welcher Beziehung und in welcher Position stehst du zu deinen Herausforderungen?

Variante b mit Stift und Papier:
Zeichne in Variante b deine Leiden, Probleme und Herausforderungen auf. Nimm dazu die Farbe und Stiftart, die dir passend scheint. Auch Größe und Form der Probleme werden sich unterscheiden. Beobachte, wo und wie sie auf dem Blatt stehen.

Zeichne nun dich selbst ins Bild: Wo stehst du? In welcher Beziehung und in welcher Position stehst du zu deinen Herausforderungen?

Sieh dir nun deine Haltung gegenüber deinen Leiden an:

- Wie geht es dir an dieser Position?
- Welche Lasten sind insgesamt da? Welche sind am größten? Welche stehen dir nahe, welche sind weiter entfernt?
- Welche berühren dich direkt und wo?
- Welche sind bei dir, obwohl sie gar nicht zu dir gehören?

Und:

- Was kannst du an diesem Bild und an diesen Positionen verändern, damit du dich freier und stärker fühlst?
- Welche Lasten gehören in Wirklichkeit wo hin? Wo ist ihr richtiger Platz?
- Welche Position möchtest du einnehmen, um deine Position kraftvoll zu verändern, wieder wachsen und weiter heilen zu können?
- **Verändere die Stellungen auf deinem Brett oder deiner Zeichnung nun entsprechend und spüre dabei, was das in dir auslöst.**

Nimm wahr, wie die Veränderung deiner Position das Gesamtgefüge verändert – und sieh dies als Hinweis, dass du deine Haltung ändern kannst, um deinen Weg der Klarheit noch sicherer und noch befreiender gehen zu können.

 # Du entscheidest: Willst du vom Außen gebrochen werden, oder von innen heraus aufbrechen?

Die richtige Haltung zu Problemen, Zweifeln, Krisen oder Krankheiten zu finden, ist nicht immer gleich einfach. In vielen Fällen gelingt es uns selbst, die schwächende Haltung zu erkennen und positiv zu verändern. In anderen Situationen sind wir schon so geschwächt oder eingeschlossen, dass wir den Ausweg nicht ohne den Blick eines anderen, fachkundigen Menschen sehen können. Und das ist nicht nur völlig in Ordnung so, sondern auch eine großartige Möglichkeit zu wachsen. Denn ob du selbst zur heilsamen Erkenntnis findest oder ob du dich dabei begleiten lässt, ist nicht wichtig. **Wichtig ist einzig die Entscheidung, dass du von innen heraus standhaft und stabil werden willst, um nicht von den Lasten des Leidens gebrochen zu werden.**

Im Laufe meines Heilungsprozesses habe ich verschiedene wichtige Helfer und Türöffner gefunden, denen ich bis heute sehr dankbar für ihre Begleitung bin. Besonders als ich begann, mit einem systemischen Therapeuten zusammenzuarbeiten, öffneten sich für mich ganz neue Horizonte. Ich konnte sicher und geführt immer weiter heilen, meine Medikation ganz absetzen, immer freier und klarer werden und dabei unschätzbar Wertvolles über mich, meine Herkunft und die unbewussten Zusammenhänge zwischen den Lebensereignissen lernen. Es war eine sehr intensive Zeit des Hinschauens und des Trainings in neuer Ehrlichkeit und eine der kostbarsten Erfahrungen meines Lebens.

Daher möchte ich dir an dieser Stelle ans Herz legen: Wenn du an einem sehr schwierigen Punkt in deinem Leben angelangt bist oder du körperlich oder psychisch an deine Grenzen kommst, dann beginne noch heute die Suche nach der richtigen professionellen Begleitung für dich. Du wirst spüren, wenn du diese Person gefunden hast, die dir helfen kann, die *Macht des Leidens* zu verlassen, eine neue Position zu finden und von innen heraus zu heilen. Nutze die Möglichkeit von Kennenlerngesprächen, die heute in praktisch jeder Stadt oder auch online besteht – und öffne dich für Wissen und Erfahrungen, die über das hinausgehen, was du jetzt schon kennst. Du darfst dir sicher sein: Du kannst Großes bewegen, wenn du bereit bist hinzuschauen.

 # Nichts, was an die Oberfläche kommt, heilt sofort. Doch nichts, was im Verborgenen bleibt, kann je heilen.

Ich mag es nicht, wenn uns versprochen wird, dass wir einfach nur glücklich sein müssen, und alles ist wieder rosa. Sich maskieren und überschminken ist nicht mit Heilung gleichzusetzen. Sich zum Glück zu zwingen, ist keine Lösung, sondern eine Verschiebung. Denn unsere Wunden wollen nicht bedeckt werden. **Unsere Wunden wollen uns mit unserer Wahrheit aussöhnen.**
Wenn wir also in gewissen Bereichen über das nötige Maß hinaus leiden, dann tun wir das aus verschiedenen Gründen:

- Einerseits weil wir die *Macht des Leidens* für uns nutzen wollen und
- andererseits weil wir uns vor der Wahrheit schützen.

Wahrheit ist immer Konfrontation mit uns selbst. Sie macht uns manchmal Angst, denn ihre Wurzeln können sehr tief gehen. Wenn wir ganz und heil werden wollen, authentisch und stabil sein möchten, dann sind es aber genau diese Wurzeln, die wir nicht im Dunkeln lassen dürfen. So schwer es auch manchmal ist. Denn wer will schon erkennen, dass er co-abhängig ist und sich wegen seiner eigenen ungelösten Themen nicht aus seiner toxischen Beziehung lösen kann? Ist es doch in dem Moment einfacher, dem Partner die Schuld an allem zu geben. Wer will sich schon eingestehen, dass seine wiederkehrenden Infekte wohl erst dann voll ausheilen können, wenn er sich den Konflikten am Arbeitsplatz und in der Familie stellt, anstatt sie weiter stumm zu ertragen? Und wer will letztlich schon dem verdrängten Trauma, der alten Wunde, der frühen Angst begegnen, die tief unten begraben liegen?
Wir wollen wegschauen, wollen unbewusst bleiben, solange wir können. **Doch unsere Entwicklung treibt uns immer in Richtung Wahrheit.** Immer. Und wenn wir sie nicht sehen wollen, sendet sie uns ihre Zeichen nur deutlicher: Auf die ersten kleinen

Hinweise folgen immer greller leuchtende Warnsignale, dann schroffe Weckrufe und schließlich der harte Aufprall am Boden, um uns zum Hinschauen zu bewegen. Denn:

 # Hinzuschauen ist die Grundvoraussetzung für Klarheit und für alles Gute, das aus dieser Klarheit entstehen kann.

Hinschauen beginnt damit, dass wir die Probleme, Krisen und Krankheiten nicht irrtümlicherweise als unsere Persönlichkeit ansehen. Dass wir uns weder darin verlieren noch vor ihnen davonlaufen, sie ausblenden oder betäuben.

Hinschauen heißt, dass wir

1. so wertungsfrei und neutral wie möglich anerkennen, dass diese Krisen oder Krankheiten da sind.
2. die Gedankengebäude und Gefühlsnetzwerke aufspüren, die wir damit verbunden haben.
3. unsere neue Ehrlichkeit anwenden und mit klarem Blick nach den Botschaften und Handlungsaufrufen suchen, die diese Krisen und Krankheiten uns mitbringen.

In diesem heilsamen Wachstumsprozess lernen wir,

1. unsere **Gedanken als Wegbereiter** für das Gute oder das Schlechte besser zu beobachten.
2. unsere **Gefühle als Botschafter** und Verstärker zu verstehen und besser mit ihnen umzugehen.
3. unsere **Symptome, Krankheiten und Krisen als greifbare Äußerungen** innerer Zustände zu sehen und für unsere Entwicklung zu nutzen.

Um Antworten auf diese wichtigen Fragen zu erhalten, lohnt es sich, diesen Weg in die Tiefe immer wieder zu gehen und es zu wagen, sich seinen – wenn auch starken oder dunklen – Emotionen zu stellen.

Damit du üben kannst, deine Emotionen mit etwas mehr gesundem Abstand zu beobachten und sie besser zu verstehen, habe ich eine spezielle Meditation für dich vorbereitet.

Geführte Meditation #4:
Die Botschaften meiner Gefühle

In dieser geführten Meditation findest du in einen Zustand der Ruhe und Entspannung, aus dem heraus du mit mehr Gelassenheit und Gleichmut auf deine Emotionen zugehen kannst. Du beobachtest deine Gefühle aus der Warte der Klarheit, lernst, sie besser zu erkennen, zu beobachten und – wenn es gerade wichtig für dich ist – ihre Botschaften näher zu entschlüsseln.
Du findest diese geführte Reise als Audiodatei Meditation #4 auf www.findeklarheit.de/buchdownloads.
Ich wünsche dir viele erkenntnisreiche Erfahrungen damit.

Wenn du deine Emotionen beobachten und einordnen kannst, gehen wir auf dem Weg der Klarheit noch eine Stufe weiter: nämlich in den Austausch und die bewusste Interaktion mit deinen Gefühlen als Botschaftern. Ich persönlich erlebe das Schreiben als enorm wirkungsvollen Spiegel, in dem ich viel erkennen und erforschen kann. Daher nehme ich dich auch in Regel #4 mit in ein geführtes Flow Writing.

Flow Writing #4:
Die Botschaften meiner Gefühle

Tauche ein und finde im meditativen Flow Writing, gerne auch mit der Audiodatei Flow Writing #4 auf www.findeklarheit.de/buchdownloads, Antworten auf folgende Fragen:

Mein Leiden, meine Krankheit oder meine Krise,

1. was willst du mir zeigen?
2. was soll ich hier lernen?
3. was soll ich hier loslassen?
4. welche meiner Eigenschaften soll ich jetzt stärken?
5. was ist der nächste wichtige und richtige Schritt?

Wenn wir diese Fragen klar für uns beantworten können, können wir ein immenses Heilungspotenzial aktivieren, das über die bisher gewohnten Ebenen hinausgeht.

Interessante Ansichten zur Deutung von Symptomen und Krankheitsbildern bieten beispielsweise auch die Autoren Dr. Ruediger Dahlke oder Kurt Tepperwein in ihren verschiedenen Büchern. Das eigene Nachforschen oder das Nachlesen hilft dir, größere Zusammenhänge zu erkennen, in deiner neuen Ehrlichkeit zu bleiben und in Klarheit und Selbstbestimmung zu handeln. Und das wird sich sehr bezahlt machen. Denn deine Verantwortung bei dir selbst zu behalten und sie nicht an andere abzugeben, heißt, dass du den **Wechsel von der *Macht des Leidens zur Kraft des Kreierens*** vollziehen kannst. Dann hast du dich einmal mehr selbst ermächtigt. Und dazu gratuliere ich dir von Herzen.

 # Jeder Gedanke will geboren werden, jedes Gefühl eine Erfahrung sein.

Was wir denken und fühlen, prägt das, was wir erleben. Und mehr noch: Alles, was wir in unserem geistigen Bewusstsein verstärken, kann tatsächlich Form annehmen und sich Schritt für Schritt auf den 3 Stufen der Manifestation verwirklichen. Sehen wir uns diesen wichtigen Prozess in unserem Leben genauer an:

Die 3 Stufen der Manifestation

- **Die Stufe des Bewusstseins:** Das sind die Momente der Initialzündung, in welchen erste Gedanken, Ideen und Vorstellungen in uns auftauchen. Darauf folgt:
- **die Stufe der Verstärkung:** in der sich die Initialenergie immer weiter verdichtet und gedanklich wie emotional konkretisiert, bis sie
- **die Stufe der Kreation** erreicht: die Stufe, in der diese Energien manifest, also greifbar werden, konkrete Formen annehmen oder als Erlebnisse und Erfahrungen in unserem Leben sichtbar werden.

Was bedeutet das für dich? Alles für dich Gute oder Schlechte beginnt mit einem Impuls: einem Gedanken oder einer Idee, die sich mehr und mehr im mentalen, also im geistigen Feld verdichtet. Das heißt, der Gedanke wird immer häufiger gedacht, mit immer mehr inneren Bildern und Vorstellungen und damit auch Gefühlen und Geschichten verknüpft. Du kannst das täglich an dir selbst beobachten, wie du aus einer guten neuen Idee oder eben auch aus einem negativen Gedanken wie einer Angst innerlich etwas immer Größeres und Größeres baust. In dir nimmt diese Idee oder diese Angst immer mehr Gestalt an, so lange, bis sie sich in irgendeiner Form materialisiert.
Im Fall deiner Idee bedeutet das, dass du ihr zuerst gedanklich immer mehr Energie gibst. Dann beginnst du, etwas niederzuschreiben,

zu planen, fängst an, mit anderen über die Idee zu sprechen, siehst immer öfter ähnliche Dinge und triffst Menschen, die diese Idee auch toll finden – und irgendwann ist die Energie groß genug, dass du ins Auto steigst, in den Baumarkt fährst und loslegst.
Im Falle deiner Angst ist es ähnlich. Wenn du einen Angstimpuls aufgreifst und ihn gedanklich nährst, führst du ihm immer mehr Energie zu. Er wächst, und immer öfter denkst du darüber nach, was wäre, wenn ... Immer mehr Bilder, Emotionen und innere (Horror-)Szenarien werden rund um diesen Impuls aufgebaut und verstärken ihn. Bis du plötzlich immer öfter bedrohliche Hinweise zu erkennen meinst, immer furchtsamer wirst und immer noch mehr in Alarmbereitschaft gehst, um deiner Angst auszuweichen. Doch diese Alarmbereitschaft »zieht« dich erst genau in die Richtung, die du vermeiden wolltest. Bis du tatsächlich einen Blackout in der Präsentation hast oder dir wirklich beim Biken das Bein brichst. Oder: Bis du von der Angst so gelähmt wirst, dass du dir kaum noch etwas zutraust und dich ganz zurückziehst. Das destruktive Erlebnis entspricht der destruktiven inneren Verstärkung auf den 3 Stufen der Manifestation. Auch das wird nicht immer gern gehört.
Wenn uns jemand erklärt, dass wir mit den »richtigen« Gedanken Erfolg, Geld und Liebe in unser Leben ziehen können, dann glauben das Milliarden Menschen voll Euphorie. Wenn wir jedoch damit konfrontiert werden, dass demnach logischerweise auch das Gegenteil funktioniert und wir mit Gedanken an Leid, Krankheit und Krisen diese auch in unserem Leben vermehren können, dann werden viele plötzlich skeptisch. Kann das wirklich wahr sein? Dann würde ja plötzlich alle Verantwortung zu uns zurückfallen! Die Antwort ist: Ja. Und genau davor dürfen wir nicht zurückschrecken, wenn wir selbstbestimmt und authentisch leben wollen. Es ist es wert, das zu wagen, diese Verantwortung zu übernehmen und unsere innere Haltung zu stärken. Denn dann können wir in die Aufwärtsbewegung finden, die wir uns wünschen, und unser Weg der Klarheit wird geebnet.

 # Gedanken sind wie Steine, die ins Wasser fallen. Gefühle sind die Wellen, die sie aussenden.

Jeder Gedanke ist kreative, schöpferische Energie. Und genauso ist es jedes Gefühl. Unsere Gedanken und Gefühle sind der Stoff, aus dem wir unser Leben weben:
So wie wir unsere Gedanken als elektrische Impulse verstehen können, so können wir unsere Emotionen als magnetische Felder sehen, die ein Kraftfeld erzeugen, das bestimmte Ereignisse und Erlebnisse in unser Leben zieht. Ein Gedanke ist also vergleichbar mit einem Stein, der ins Wasser fällt, und ein Gefühl mit der Welle, die sich dadurch im Wasser ausbreitet. Unsere Emotionen prägen unsere innere Grundschwingung und damit unsere Ausstrahlung.
Jeder Gedanke, dem wir eine entsprechende Emotion mitgeben, wird eine umso größere und kraftvollere Wirkung haben. Gedanke und Emotion stehen immer in Wechselwirkung zueinander und verstärken oder vernichten sich.
Zum Beispiel kannst du aufsteigende Affirmationen wie »ich bin wertvoll« tausende Male wiederholen, solange du die dazugehörige Emotion der inneren Fülle, der Selbstannahme und der Zufriedenheit nicht spürst und dich innerlich nicht in diesen zur Affirmation passenden Gefühlen verankerst, werden diese Affirmationen keine aufbauende Wirkung zeigen. Sie bleiben bloß ein Gedanke. Ein Stein, der keine großen Wellen zieht. Übst du dich jedoch darin, diese Gedanken nicht nur zu denken, sondern auch zu fühlen, zu verinnerlichen und zu verkörpern, wird eine neue Dynamik entstehen.
Damit es dir leichter fällt, auch deine Emotionen bewusster und klarer zu erkennen und sie positiv für dich zu nutzen, unterscheiden wir *5 aufsteigende und 5 absteigende Gefühlsfelder:*

5 aufsteigende Gefühlsfelder
in Richtung absoluter Allverbundenheit

+ 5: Inspiration
+ 4: Mitgefühl
+ 3: Freude
+ 2: Tatkraft
+ 1: Stabilität

- 1: Sorge
- 2: Schuld
- 3: Aggression
- 4: Ohnmacht
- 5: Depression

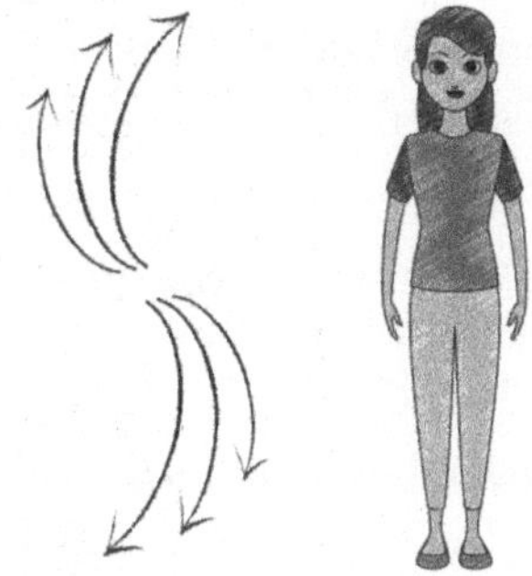

5 absteigende Gefühlsfelder
in Richtung totaler Trennung

Wie du erkennst, unterscheiden sich die verschiedenen *Gefühlsfelder* in ihrer Qualität ganz grundlegend – und je mehr gedankliche und emotionale Energie wir diesem jeweiligen Feld geben, desto weiter nach oben oder unten rücken wir: Je tiefer wir uns in unsere Sorgen stürzen, desto wahrscheinlicher wird es, dass wir pessimistisch und ungedulig sind. Lassen wir uns auch auf diese Emotionen zu sehr ein, fangen wir an, uns über uns selbst, die anderen und die Umstände zu ärgern, wir fühlen uns frustriert und schließlich überfordert. Geben wir auch diesen Gedankenmustern und Leidensgefühlen noch mehr Energie und Aufmerksamkeit, dann rutschen wir ab in die Ebene der Schuld und Schuldzuweisung: Wir beginnen (ob berechtigt oder nicht) zu kritisieren und verlieren das Zutrauen in die Situation, fühlen uns frustriert, entmutigt und wütend.
Bleiben wir nach wie vor taub für die Signale dieser Emotionen und lenken wir nicht bewusst ein, dann finden wir uns schon bald auf der Ebene der Aggression, des Zorns und der Rachegedanken. Wir wollen gegen die (vermeintlich) Schuldigen für unsere miserable (Stimmungs-)Lage aufbegehren, spüren Hass und Wut. Sobald wir auf jemanden treffen, dem es scheinbar besser geht als uns, reagieren wir neidisch und missgünstig, werten uns selbst ab

und versuchen, über die *Macht des Leidens* wieder zu einem Vorteil zu gelangen und unsere negativen Gefühle zu kompensieren. Unsere Selbstwertwunden werden aktiviert, unsere *Muster des Müssens* greifen voll – und wir sind mittendrin im *Geiz-Gier-Kreislauf:* getrieben von Angst, Trauer und Unsicherheit – und rutschen noch weiter ab in das Gefühlsfeld der Ohnmacht: Tief in uns fühlen wir uns gelähmt, machtlos und depressiv. Wir gehen in eine schädliche Opferhaltung. Bis die Angst und Ausweglosigkeit so mächtig werden, dass wir auf die Ebene der Depression fallen, auf der wir keinen Ausweg mehr sehen und uns in stumpfer Unerträglichkeit weiter von all dem abspalten, was uns lebendig macht. **Wir haben all unsere schöpferische Energie fehlgeleitet, schlicht indem wir unsere ganze Lebenskraft in negative Gefühle und Gedanken investiert haben.**

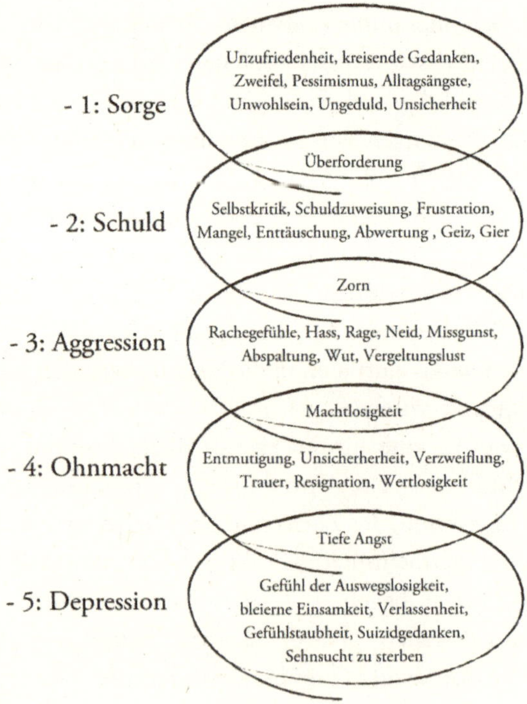

Auf den Ebenen der *5 absteigenden Gefühlsfelder* ist unser Leben träge, trist und düster. Und auch wenn es ein sehr geschwächter Zustand ist, so ist unsere Energie hier nicht etwa »verloren«. Sie bündelt sich auch hier in diesen unteren Ebenen zu einem Magnetfeld und durchläuft die 3 Stufen der Manifestation: vom Bewusstsein in die Verstärkung bis hin zur Kreation. Die Energie verlangt auch hier nach Umsetzung, genauso wie in den *5 aufsteigenden Gefühlsfeldern* von Tatkraft, Freude, Mitgefühl oder Inspiration. Jedoch mit dem großen Unterschied, dass sich diese Emotionsebenen meist mit zerstörerischer Kraft entladen. Wir verurteilen, wir klagen an, wir streiten oder wir wenden gar verbale oder körperliche Gewalt an. **Das Leid erzeugt mehr Leid, die Abwärtsbewegung verstärkt sich – für alle Beteiligten.** Außer für jene, die in ihrer Klarheit bleiben können. Denn so düster und chaotisch diese absteigenden Emotionsebenen auch scheinen mögen, aus unserer klaren Haltung heraus können wir auch diese Kräfte konstruktiv für uns nutzen. Ich würde sogar so weit gehen zu sagen: In einem wahrhaft klaren Menschen wird jede Emotion zum Segen.

 # Entscheidend ist nicht, wie du dich fühlst, sondern wie du damit umgehst.

Auch sehr bewusste Menschen durchleben schwierige Situationen und werden mit intensiven Gefühlen konfrontiert. Wenn wir hintergangen oder belogen, verletzt oder unrecht behandelt werden, ist es nicht nur legitim, sich wütend zu fühlen, sondern auch wichtig:

- Emotionen wie Wut geben uns das Feuer, das wir brauchen, um beispielsweise den untreuen Partner auch tatsächlich zu verlassen, das klärende Gespräch mit der Kollegin auch tatsächlich einzufordern oder endlich über unseren eigenen Schatten zu springen und fest hinter unseren Entscheidungen zu stehen.
- Aggression gibt uns Antrieb, sie fordert uns auf, aktiv zu werden, uns zu bewegen und ins Handeln zu kommen.

- Zorn hingegen sagt uns, dass wir unsere Grenzen klarer ziehen und kommunizieren müssen.
- Rachegedanken fordern uns dazu auf, unsere eigenen Bedürfnisse klarer zum Ausdruck zu bringen und einzufordern.
- Auch Trauergefühle sind absolut notwendig. Wenn Katastrophen über uns hereinbrechen oder wir vor einem großen Ende stehen, ist es natürlich und wichtig zu trauern. Einschneidende Erlebnisse läuten immer einen reinigenden Loslösungsprozess ein, den wir in diesem Moment unbedingt brauchen und durchlaufen sollten.
- Trauer will gelebt und gesehen werden, will, dass wir noch einmal reflektieren und verarbeiten, um schließlich wieder zurück zu einem Zustand von Annehmen, Neupositionieren und Dankbar-Sein zu finden.

In all diesen Fällen ist es also nicht entscheidend, ob wir uns gerade schlecht fühlen, sondern ob wir konstruktiv damit umgehen. Gelingt uns das, dann haben wir einen immens großen Schritt in Richtung Klarheit gemacht. Denn Klarheit wiegt uns nicht in ewiger Seligkeit. Sie schneidet uns nicht von den düsteren Emotionen ab. **Klarheit limitiert uns nie. Sie trägt immer zu unserer Ganzheit, unserer Reife und damit zu unserer Heilung bei.**
Die Welt (und das eigene Leben) gilt es in diesem Schritt so anzunehmen, wie sie ist, damit sie überhaupt werden kann, wie wir sie gerne hätten. Nicht im Widerstand zu leben, der so viel Kraft kostet, sondern die Unbequemlichkeit des Lebens auszuhalten und dennoch offen, stabil und bei sich zu bleiben: Das ist der Kern von Resilienz. Und Resilienz ist das Gegenstück zu Leid und Krankheit. Genau deshalb empfinde ich das Diktat des Good-Vibes-only-Lifestyles nicht nur als realitätsfern, sondern auch als gefährlich. Wir laufen Gefahr, gewisse Gefühle kategorisch abzulehnen und vor ihnen zu flüchten, und beschneiden uns damit massiv in unseren Heilungschancen und in unserer authentischen Kraft. Wenn wir ständig von uns erwarten, immer begeistert, leidenschaft-

lich und glücklich zu sein, üben wir einen unnatürlichen, ungesunden Druck auf uns aus. Wir wollen strahlen wie die Stars in den sozialen Medien – und enden in Selbstvorwürfen, wenn wir einen schlechten Tag haben. Doch das ist eine Sackgasse: **Es bringt uns nicht weiter, uns schlecht zu fühlen, weil wir uns schlecht fühlen.** Mit dem Blick der neuen Ehrlichkeit und einer klaren Haltung müssen wir keine Emotionen mehr unterdrücken und sie damit zwingen, sich in immer noch extremeren Formen zu zeigen. Wir leben intensiv, wach und frei.

 # Es gibt keine Emotion, die nicht da sein darf. Die Lernaufgabe ist nicht, sie auszuschließen, sondern dich nicht von ihr beherrschen zu lassen.

Dazu gehört also nicht nur, eine gesunde Beobachterrolle zu den negativen Gefühlen zu finden, sondern auch, uns nicht zu sehr an unsere Glücksmomente zu binden.
Stelle dir einen chronisch euphorischen und hoch motivierten Menschen vor. Ist er gesünder als jemand, der morgens nicht aus dem Bett kommt? In der Medizin steht die Manie der Depression gegenüber: Sie ist der Zustand, in dem unser Antrieb raketenstark und unsere Stimmung euphorisch ist und unsere Aktivität weit über unseren gesunden Grenzen liegt. Wie du dir vorstellen kannst, feiert die Leistungsgesellschaft einen manischen Menschen als jemanden, der seine PS so richtig auf die Straße bringt. Doch das Leben in manischen Episoden ist ebenso höllisch und lebensbedrohlich wie in depressiven Phasen. Die beiden Extreme von Manie und Depression, von Euphorie und Todessehnsucht, sind die intensivst möglichen Botschaften, die uns unser Körper senden kann. Sie tauchen dann auf, wenn wir an allen Warnschildern vorbeigeprescht sind und mit 180 km/h frontal gegen die Wand fahren oder wenn wir alles resigniert von den Trümmern der Depression begraben lassen.
»Lead a boring life« ist der psychologische Rat, der bipolaren Menschen gegeben wird, die unkontrolliert und unfreiwillig

zwischen diesen beiden Extremen hin- und hergeworfen werden. Dieser Ratschlag bedeutet, die Intensität herauszunehmen und zurück zur Mitte zu finden: weder im Dunkel der Depression zu ertrinken noch im gleißenden Licht der Manie zu verbrennen. Das Gleichgewicht, das wir in Regel #3 als eine der 5 Stufen der inneren Sicherheit kennengelernt haben, bekommt hier eine weitere, tiefere Bedeutung. Denn das Gleichgewicht, das wir mit einem Leben im *Ganz-genau-genug-Punkt* innen wie außen, beruflich wie privat finden können, hilft uns, auch unsere emotionale Balance zu halten. Uns sozusagen im ersten *aufsteigenden Gefühlsfeld* +1, der Stabilität, einzuschwingen, das uns ermöglicht, langfristig stabil, achtsam, selbstbestimmt und schöpferisch zu sein, egal, was im Außen passiert. Das ist die Basis, um in eine gesunde aufstrebende Emotionsdynamtik zu finden und uns in den aufsteigenden Gefühlsebenen sicher und nachhaltig verankern zu können:

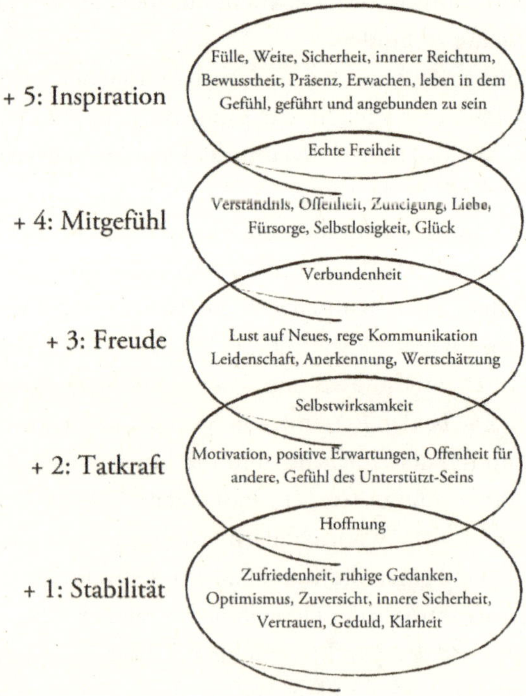

Es geht nicht darum, gleich auf Stufe 5 zu springen und uns aus trüben Tagen hinein in eine überschäumende Ideenfülle zu katapultieren, sondern darum, ganz bewusst und mit viel Selbstbeobachtung und Selbstliebe immer weiter in die aufsteigenden Gefühlsfelder hineinzuleben. Neue Emotionsebenen zu unserem inneren Wohlfühl-Zuhause zu machen und uns immer stabiler und länger in den aufsteigenden Ebenen aufhalten zu können. Die Stabilität, der Gleichmut, die innere Sicherheit sind das absolut notwendige Fundament dafür. Dieses **emotionale Gleichgewicht und Stabilität zu finden**, bedeutet:

- sich **regelmäßige Phasen der Entspannung und Regeneration** zu schaffen, in denen dein System den *Kampf-Flucht-Modus* verlassen und in den *Wachstums-Heilungs-Modus* gehen kann. Das erreichst du durch Meditation, Sport, Achtsamkeits- und Atemübungen, regelmäßiges Praktizieren und (!) Einfühlen in die aufsteigenden Affirmationen, sowie durch alles, was dich ganz persönlich in einen entspannten Zustand bringt.
- Eine **klare innere Haltung** zu entwickeln, aus der heraus du stabil und selbstbestimmt agieren kannst. Nimm dir immer wieder Zeit, deine Positionen und Haltungen im Leben zu analysieren und sie gegebenenfalls zu ändern.
- **Emotionale Hochs** nicht zum persönlichen Durchbruch zu erklären und dich daran festzuklammern, sondern die emotionalen Hochphasen als kraftvolles Aktionsfeld für deine Wunscherfüllung zu nutzen,
- **emotionale Tiefs** nicht zum persönlichen Untergang und ausweglosen Drama aufzutürmen, dich also nicht der *Macht des Leidens* hinzugeben, sondern den Handlungs- und Heilungsaufruf zu verstehen, den diese negativen Emotionen für dich mitgebracht haben, und damit
- die **Botschaften deiner Gefühle** als wichtige Richtungsweiser zu nutzen.

Kultivieren wir dieses Gleichgewicht über ein bewusstes Hinschauen, bewusstes Einlenken, Entspannung und solche Methoden wie Meditationen, Affirmationen und achtsame Selbstreflexion wie das Flow Writing, dann befinden wir uns auf ganz natürliche Weise immer seltener in der Abwärtsspirale. Ängste, Gefühle von Machtlosigkeit, Zorn oder Hass liegen immer ferner. Und Gefühle von Ruhe, Zufriedenheit, Optimismus und Freude werden mehr und mehr zu unserer Grundschwingung, die wir immer leichter halten können – und dann auch ausstrahlen. Und wir beobachten:

 # Alles ist Resonanz.

Was wir auch denken, fühlen oder tun: Wir bewegen uns auf einer gewissen »Wellenlänge«, haben eine »Wohlfühlzone« und folgen einem bestimmten »Vibe«. Wir schwingen uns auf unser Umfeld harmonisch ein – oder auch nicht. Die Stimmung hebt sich gegenseitig – oder sie drückt sich nieder.
Immer wenn es um Emotionen geht, geht es auch um Resonanz. Wenn wir uns auf unserem Weg der Selbstheilung, also in den Gefühlsfeldern, weiter nach oben bewegen und neue Gefühle kultivieren, dann »schwingen« wir anders – und stehen in anderer Resonanz mit unserem Umfeld.
Was heißt das also konkret für dich? Veränderst du deine emotionale Grundschwingung, dann veränderst du sozusagen deine »Frequenz«, und plötzlich fühlst du dich nicht mehr wohl mit deinen KollegInnen, mit deiner Familie oder gar deinem Partner. Obwohl es dir immer besser geht und sich dein Leben öffnet und aufstrebt, gibt es mit bestimmten Menschen immer mehr Reibungspunkte, immer mehr Dissonanzen – und du wirst wachsam: **Was ist hier passiert?** Warum fühle ich mich plötzlich nicht mehr wohl beim Frauenabend? Warum bringen mich die eigentlich ganz normalen Reaktionen meines Mannes plötzlich an die Decke? Weil du das alte Schwingungsmuster, den gemeinsamen Schmerzkörper, wie es Eckhart Tolle nennt, verlassen hast.

In der Emotionsforschung begnügte man sich früher damit, die Mimik und Gestik von Menschen zu untersuchen, um herauszufinden, wie sie sich gerade fühlen. Da diese Beobachtungen nicht ausreichten, begannen die Forscher, auch die Hautleitfähigkeit und die Herz- und Hirnfrequenzen in die Beobachtung einfließen zu lassen. Die erhobenen Daten wurden dann mit den Ergebnissen der Tiefeninterviews verglichen, und man fand heraus, dass Emotionen eine Ganzkörpererscheinung sind, die sich auch in unseren Herz- und Hirnfrequenzen zeigen. Wir stehen im emotionalen Austausch miteinander, auch wenn wir es nicht offensichtlich zeigen. Solange wir also selbst in den Ebenen von Langeweile, Pessimismus, Frustration oder Anschuldigung leben, solange fühlen wir uns in der Gegenwart von Gleichgestimmten wohl. Haben wir diese Zone verlassen, entsteht plötzlich das Gefühl, dass uns solche Treffen »runterziehen«, dass sie uns »Energie rauben« und aus unserer Mitte bringen. Wir stehen an einem anderen Punkt auf der Skala der *Gefühlsfelder* und damit in einer anderen Resonanz.
Mit jeder Emotionsebene, die wir hinter uns lassen, entfernen wir uns auch von den Dingen, mit denen wir auf dieser Ebene im Gleichklang gestanden sind: Gedanken, Gewohnheiten, Vorstellungen, Ziele, ja, auch Wohnungen und Wohngegenden, Kleidungsstücke und Lieblingsplätze ganz genauso wie Menschen, ChefInnen, KollegInnen, FreundInnen und Bekannte, Influencer und Vorbilder, alles und alle, mit dem und denen wir auf dieser alten Ebene in Resonanz gestanden sind.

Beobachte daher auf deiner Reise der persönlichen Entwicklung immer wieder neu:

- Mit welchen Menschen, Plätzen oder Dingen stehe ich gerade in guter Resonanz?
- Mit welchen nicht mehr?
- Welche emotionale Grundschwingung zeichnet diese aus?
- Was bedeutet das für mich?

Diese Fragen geben dir Aufschluss darüber, auf welchen Ebenen du gerade stehst, welchen »Vibe« du verkörperst und in welche Richtung du dich gerade entwickelst. Dein Umfeld ist immer auch ein Spiegel für dich und deine aktuelle Lebensstufe.

Wenn wir neue, motivierende Menschen kennenlernen, wenn wir uns lebendig und offen fühlen, sehen wir uns bereichert und in unserem neuen Weg, in unserer neuen Resonanz bestärkt. Doch herausfordernd wird das Neu-in-Resonanz-Gehen für viele von uns, wenn die Gespräche mit der besten Freundin uns plötzlich nicht mehr guttun. Wenn die Arbeit uns plötzlich nicht mehr erfüllt. Wenn wir erleben, dass wir einer Situation entwachsen sind, stellt sich die Frage: **Wie sollen wir mit der Veränderung im Außen umgehen, die unser inneres Wachstum kreiert hat?**

Genau in diesem Moment können wir uns daran erinnern, warum Regel #4 heißt: *Wage es,* heil zu werden. Denn gerade im Wachstum ist unser Mut zum Weitergehen und Dranbleiben gefordert. Wir dürfen uns nach oben entwickeln und weitergehen, auch wenn das in unserem bisherigen Umfeld eventuell zuerst Unverständnis, Missgunst oder Neid auslöst. Vermutlich wird es auch in deinem Leben Menschen geben, die es nicht gut finden, wenn es dir besser geht. Die nicht wollen, dass du dich der *Macht des Leidens* entziehst und auch ihnen damit den Platz des Opfers nimmst. Wenn dir dies zum ersten Mal bewusst wird, ist es eine sehr schmerzliche und irritierende Erkenntnis. Doch lass dich nicht entmutigen, sondern übe dich in deiner neuen Ehrlichkeit, in liebevoller Klarheit – und im Loslassen.

#Wir können erst loslassen, wenn wir aufhören, auf etwas zu warten.

Wir sagen: »Ich will ihn endlich vergessen, aber ich kann so schlecht loslassen!« oder »Ich will damit nichts mehr zu tun haben, aber es verfolgt mich einfach.« Wir denken, dass wir loslassen wollen, aber in Wahrheit wollen wir dazu erst etwas bekom-

men: eine Entschuldigung, eine Erklärung, eine Rechtfertigung, eine Entschädigung, eine ausstehende Anerkennung – und meist: Vergebung. Wenn wir etwas nicht loslassen können, dann, weil wir noch auf etwas warten.
Ich hatte einige Jahre eine sehr enge Geschäftspartnerschaft, die sich nicht wie gewünscht entwickelt hat und in Streit und gegenseitiger Ablehnung beendet wurde. Da ich mit Ungeklärtem nur sehr ungern lebe, hat mich diese Geschichte immer wieder beschäftigt. Bis ich eines Tages so weit war, dieser Person ein klärendes Gespräch anzubieten. Sie hat abgelehnt. Und in genau diesem Moment konnte ich abschließen und loslassen. Denn ich wartete offenbar nicht auf ein Gespräch oder eine Versöhnung, sondern auf meinen Mut und meine Größe, mich dieser unangenehmen Situation offen und frei von falscher Schuld zu stellen. Indem ich das getan hatte, war für mich der Punkt des Loslassen-Könnens erreicht. Ich war im Frieden mit mir, auch wenn eine Aussprache nicht stattgefunden hatte.
Viele Menschen befreien sich, indem sie Briefe schreiben, die sie nie versenden, andere machen kleine Rituale oder symbolische Akte, in denen sie ihr Thema niederschreiben und die Notiz mit einem Luftballon am Himmel verschwinden, sie vom Fluss forttragen oder im Feuer verbrennen lassen. Egal welche Rituale es auch sein mögen: Es geht dabei immer darum, sich zu distanzieren, eine andere Haltung zu finden und – wenn nötig – sich selbst in Form eines Briefes oder einer Handlung das zu geben, worauf man noch gewartet hat. Daher frage dich: Worauf wartest du noch, um loslassen zu können?

Worauf warte ich noch, um loslassen zu können?

- Worauf warte ich noch, um loslassen zu können?
- Kann ich mir das, worauf ich warte, selbst geben?
- Wenn ja, wie?
- Wenn nein: Kann ich meine innere Position zu diesem Erlebnis oder dieser Person so verändern, dass ich sagen kann: »Es darf so gewesen sein«?

Das Schöne ist: Nicht alle Menschen oder Situationen, denen du auf deinem Weg zum selbstbestimmten und authentischen Leben vorerst entwächst, wirst du auch verabschieden müssen. Wer sich mit dir entwickeln will, wird das tun und zu seiner Zeit auf seinen ganz persönlichen Weg der Klarheit aufbrechen. Jeder lernt auf seine Weise und jeder in seiner eigenen Form. Auch wenn du dich in deiner Aufwärtsbewegung gerade sehr beflügelt fühlst, werde nicht arrogant, sondern übe dich im So-sein-Lassen. Dann darfst du sehen:

 # Loslassen ist So-sein-Lassen. Nichts anderes.

Loslassen hat also nichts mit Davonlaufen oder Niederbrennen zu tun, sondern mit ruhigem Beobachten und achtsamem Handeln. Es ist kein Abtrennen, sondern ein So-sein-lassen-Können. Deswegen ist es auch eine so hohe Kunst. Wirklich losgelassen haben wir erst dann, wenn wir Situationen und Menschen nicht verurteilen und uns weder über noch unter sie stellen, sondern wenn wir ganz bei uns und in unserer Klarheit bleiben können und das andere für sein Anderssein würdigen können. Wahres Loslassen bedeutet also letztlich, neutral zu werden. Eine gesunde Distanz zu entwickeln und damit handlungsfähig und weitsichtig zu bleiben.
Sei also dir und deiner neuen Position gegenüber treu und erlebe

dabei mehr und mehr, dass es möglich ist, nicht im Leiden zu lernen, sondern in der Liebe. Der Tag wird kommen, an dem du siehst, dass du einen großen Schritt vorwärts gemacht hast, ohne dafür durch großen Schmerz oder ein Drama gegangen zu sein. Das ist ein großartiger Aha-Moment, den du feiern solltest, denn er zeigt dir, dass du alte Muster wirklich aufgelöst hast und dass du an Freude gewachsen bist. Bleibe dran und stütze dich und deine klare Haltung mit diesen aufsteigenden Affirmationen.

 # Lerne durch Liebe, nicht durch Leid.

Aufsteigende Affirmationen #4:
Ich lerne durch Liebe

Ich entspanne und finde in mein Zentrum. Ich komme ganz bei mir selbst an. Ich stehe stark und stabil im Leben und begegne meinen Erfahrungen mit wachem Blick. Ich kann entscheiden, wie ich mit meinen Gefühlen umgehe. Ich kann beobachten und bewusst reagieren. Ich bin ehrlich zu mir selbst und erlaube mir, die Botschaften meines Körpers wahrzunehmen. Ich nutze die Wegweiser, die meine Gefühle mir senden, um mein Leben zu lenken. Ich arbeite mit mir selbst gut zusammen. Ich bin im Einklang mit mir. Ich darf so sein, wie ich bin. Ich fühle mich von Tag zu Tag wohler. Ich führe ein Leben in Freude und Harmonie. Ich bin liebevoll zu mir und zu anderen. Ich kann meine Wunden heilen. Ich kann vergeben. Ich kann vertrauen. Ich darf mich sicher und stark fühlen. Ich öffne meinen Blick für neue Möglichkeiten und Chancen. Ich bin es wert, in immer größerer Harmonie und Fülle zu leben. Ich darf wachsen und mich entwickeln. Ich kann durch Liebe lernen. Ich kann durch Freude lernen. Das Leben darf leicht, frei und heil sein. Ich darf leicht, frei und heil sein.

Nutze diese Kognitionen und baue damit ein immer größeres mentales und emotionales Feld auf, in dem du in Liebe statt im Leid lernen kannst.

Folge deinem Pfad in Richtung Wahrheit und dem kraftvollsten Bild deiner selbst. Es klingt vielleicht banal und oft gehört, wenn ich sage: »Folge der höchsten Version deiner selbst«, doch dieses Bild ist tatsächlich eine Basis, die wir brauchen, um uns entfalten zu können. Die höchste Version deiner selbst ist jedoch nicht irgendein schillernder Referenzpunkt, den du lauthals verkünden musst, sondern dein ganz intimer, innerer Vertrauenspunkt, eine Perspektive, die dir Mut macht und dich aufrichtet, auch wenn es schwierig ist. Deine höchste Version von dir soll dir keinen Druck machen, sondern dich zu liebevoller Klarheit führen und dich deiner authentischen Kraft und persönlichen Wahrheit näherbringen.

Diese neue Form der Selbstdefinition hebt die Trennung auf, die dich zweifeln lässt, und macht dich sowohl zu einem starken Bogen als auch zu einem Pfeil, der seiner Richtung mit Gewissheit folgt.

Vervollständige dein Klarheits-Cluster #4

Übertrage die wichtigsten Erkenntnisse rund um deine neue Ehrlichkeit und deine Selbstheilung ins Klarheits-Cluster #4. Verschaffe dir damit noch einmal einen Überblick darüber, was dich bisher an die *Macht des Leidens* gebunden hat, welche Emotionsebenen dich bislang beherrschten und wie du fortan mehr in Klarheit und Liebe lernen kannst.

Klarheits-Cluster #4:

Wage es, heil zu werden

Hier nutze ich die *Macht des Leidens* und schwäche mich damit unbewusst	Ich positioniere mich fortan neu gegenüber	Diese wichtige Botschaft haben meine Gefühle und mein Körper für mich	Ich reagiere derzeit positiv auf diese Themen und Menschen, das zeigt mir, dass ich …	Um heilen, loslassen und wachsen zu können, brauche ich

Selbst*definition*

REGEL #5:

Sei der Bogen und der Pfeil

 # Nichts befreit uns mehr als unsere Wahrheit.

Da muss doch mehr sein«, denken Millionen von Menschen, wenn sie in falschen Verpflichtungen feststecken oder sich zu Zielen vorgekämpft haben, die nie wirklich ihre eigenen waren. Und damit haben sie recht. Da ist mehr. Doch, wie du in unseren ersten 4 Regeln bereits gesehen und erlebt hast, lässt sich keine wahre Freiheit oder Fülle finden, wo keine Klarheit ist. Und Klarheit ist kein einmaliger Zustand, sondern eine Entwicklung, die wir Schritt für Schritt machen. Wir können keinen überspringen. Doch das ist genau das, was sich viele Menschen wünschen. Sie wollen aus den düsteren Emotionsebenen der Abwärtsspirale oder aus ungeliebten Lebenslagen ausbrechen, ja, einfach »ganz neu durchstarten«, sobald sie denn nur endlich wissen, wohin und wie sie ihre wahre Berufung leben können! Aber wie soll das gelingen, solange sie in ihren *Mustern des Müssens* gefangen sind? Wie sollen neue Samen aufgehen können, wenn sie nicht bereit sind, sich die Hände schmutzig zu machen, in die Tiefe zu graben und ihren *Lebensacker* zu bestellen? Und wie sollen sie Erfüllung und wahre Inspiration finden, wenn sie aus Angst am künstlichen Mangel, an der *Macht des Leidens* festhalten?

Es ist klar: Solange wir Menschen noch mit unserer Basisarbeit beschäftigt sind, ist die große Frage nach der Berufung noch nicht dran. Doch du bist schon sehr weit gekommen! Du bist deinem Weg der Klarheit und deiner neuen Ehrlichkeit bis hierher gefolgt – und du wirst dafür belohnt werden. Denn in Regel #5 erreichen wir nun einen neuen, höheren Raum. Einen Raum, den wir betreten können, wenn wir gewisse Schlüssel schon gefunden haben. Und du hältst vier davon bereits in deiner Hand: den Schlüssel der Selbstermächtigung, der Selbstverantwortung, der Selbstsicherheit und der Selbstheilung – und bist nun bereit für deine neue, klare Selbstdefinition.

Sicherlich erinnerst du dich an die fremdbestimmten Ziele und die überhöhten Ideale aus Regel #2 und an das Schattendasein voller unauthentischer Erfahrungen, falscher Verpflichtungen und toter Rituale, zu dem sie uns führen. Als du dir die Schatten über deinem persönlichen *Lebensacker* angesehen hast, ging es darum, dich von fremden Ansprüchen zu befreien, Illusionen loszulassen und die Verantwortung für deine verschiedenen Lebensbereiche zu übernehmen. Damit hast du nicht nur Klarheit geschaffen, sondern auch ein Fundament gelegt, das tragfähig ist und ein neues, gesundes Wachstum ermöglicht. Und genau dieses Fundament, diese bewusste Basis, wollen wir hier in Regel #5 nun dafür nutzen, um mit ganz konkreten Entscheidungen und persönlichen Erkenntnissen noch mehr Wirksamkeit, mehr Sinn und mehr Aufrichtigkeit in dein Leben zu bringen. Denn ich bin davon überzeugt: Nichts befreit dich mehr als deine eigene Wahrheit.

Deine persönliche Wahrheit macht das Bild von dir sichtbar, das weit mehr Substanz hat und dir weit mehr ermöglicht, als es jede reine Ziel- und Visionssuche je tun könnte.

Um zu diesem Selbstbild und deiner höheren Wahrheit vorzudringen, wechseln wir zuerst unsere Perspektive – hin zu einem Blickwinkel, von dem aus uns bewusst ist, dass wir immer beides sind:

#Wir sind der Pfeil, der zu seinem Ziel strebt, UND der Bogen, der ihn aussendet.

Das ist so grundlegend wichtig, doch es wird oft schlichtweg ignoriert. Kein Wunder, denn in den letzten Jahrzehnten haben wir Bogen und Pfeil voneinander getrennt. Wir haben den Pfeil als etwas Loses, Alleinstehendes gesehen und uns fast ausschließlich auf ihn konzentriert: auf das, was wir in der Welt tun wollen, was wir darstellen, wie wir ankommen, was wir erreichen möchten. Wir haben unsere Energie in Zielvorgaben und Pläne investiert, Tipps und Tricks gesucht, um unsere Pfeile aufzupolieren, sie schneller und schnittiger zu machen, und haben mannigfaltige Manipulationstechniken gefunden, mögliche Irrflüge zu kaschieren. Zudem wurde von allen Bühnen gepredigt, dass es völlig egal sei, wo der Pfeil herkommt, denn jeder könne alles erreichen. Wirklich? Ist das die Wahrheit? Und ist das heute noch eine treffende, menschlich-einfühlsame Aussage bei diesen heftigen Windstärken da draußen?

Wenn wir in uns hineinhören, dann wissen wir, dass beides nicht wahr ist. Weder die Vorstellung, dass Herkunft keinen Unterschied macht (selbst wenn das sehr schön wäre), noch die Aussage, dass jeder jedes Ziel erreichen kann. Wie wir in den ersten 4 Regeln gesehen haben, ist Herkunft alles andere als ein Zufall, den wir einfach ausblenden können. Sie ist die Prägung, die nicht nur unseren Pfeil beeinflusst, sondern vor allem unseren Bogen formt – und dieser Bogen bestimmt die Flugbahn des Pfeils maßgeblich. Unser Bogen hat einen Standort, eine bestimmte Form, eine gewisse Größe und eine bestimmte Stärke. Wie hoch, wie weit, wie schnell und ob der Pfeil also überhaupt fliegt, das hängt massiv von der Beschaffenheit des Bogens ab. Khalil Gibran schreibt in seinem Gedicht *Von den Kindern:*

»Ihr seid die Bogen, von denen eure Kinder
als lebende Pfeile ausgesandt werden.
Der Schütze sieht das Ziel auf dem Pfad der
Unendlichkeit; er spannt euch mit seiner Macht, damit
seine Pfeile umso schneller und weiter fliegen.
Biegt euch freudig in der Hand des Schützen, denn
ebenso wie er den fliegenden Pfeil liebt, so liebt er
auch den Bogen, der standhält.«[xii]

Diese letzte Zeile »… so liebt er auch den Bogen, der standhält« entzündet meine Begeisterung jedes Mal. Denn es gibt dem ganzen Zielfokus, dem ganzen Anspruch an das, was wir beruflich, privat und persönlich erreichen, bekommen und vorweisen sollten, so ein geniales Gegengewicht! Gibran schreibt hier von den Kindern, aber sehen wir mal unsere Projekte, unsere Beziehungen, unser Auftreten, also alles, was wir in die Welt bringen und was von uns in der Welt sichtbar wird, als unsere Kinder, als unsere ausgesandten Pfeile, dann ist es natürlich großartig, wenn diese Dinge ihr Ziel erreichen, wenn sie gelingen und Freude bringen. Aber erst wenn wir den Bogen in die Betrachtung einbeziehen, wird es rund. Erst dann wird es ganz. Und genau darauf wollen wir in Regel #5 hinaus: **dein Ganz-Sein.**

Spür mal, was dieses Wort in dir auslöst. Dein Ganz-Sein. Darin liegt so viel Kraft, denn in unserem Ganz-Sein sind wir nicht mehr getrennt von dem, was wir wirklich sind. Wir haben unser persönliches »großes Ganzes« erkannt und angenommen. Da gibt es immer weniger Lügen und Lücken, keine Ängste mehr, die wir nicht anzusehen wagen. Wenn wir klar werden, werden wir immer vollständiger, und diese Entwicklung führt uns ganz automatisch immer weiter zu dem, was wir »Berufung« nennen.

Unsere Berufung ist nichts Fernes. Nichts, das irgendwo da draußen gefunden werden kann. Sondern sie liegt – wie alles wahrhaft Kostbare – in unserer eigenen Tiefe. Also wagen wir uns noch weiter hinein in deine eigene Ehrlichkeit. Um dich von dem zu befreien, was derzeit vielleicht noch zwischen dir und deiner Wahrheit steht.

Doch was kann das noch sein, wenn wir unseren Wunden, Überzeugungen, Illusionen und Ängsten bereits begegnet sind? Es ist diese unsichtbare Kraft, die zwischen Bogen und Pfeil wirkt. Diese magnetische Energie, die nichts bewegt, aber alles bestimmt: **deine Absicht.**

Sie ist viel subtiler, aber viel ausdauernder als jede Zielsetzung und jedes gedankliche Vorhaben. Sie ist ein Gemisch aus

Bedürfnis, Sehnsucht, Geheimnis und Vision – und die wahre Triebkraft jedes Lebens.

 # Die Absicht ist der subtile Sinn einer Sache.

Absichten geben dem, was wir tun, seine Farbe, seine Prägung und seine Qualität. Und mehr noch: Sie sind der subtile Sinn, dem etwas zugrunde liegt. Und wenn wir unsere Absichten mit Sinn gleichsetzen, dann sind sie das, was schlussendlich darüber entscheidet, ob wir beim Erreichen eines Ziels persönliche Erfüllung und Zufriedenheit erleben können oder nicht.
Je mehr die Absicht also unserer eigenen Wahrheit entspricht und je klarer und reiner wir diese Absicht vertreten, desto erfüllender wird alles sein, was daraus entsteht. Desto wirksamer werden wir und desto mehr Energie schöpfen wir aus dem, was wir tun und ernten. Denn unsere These in Regel #5 lautet:

 # Je stärker dich deine Nebenabsichten ablenken, desto schwächer wird deine Zielkraft.

Wie meine ich das? Und was sind eigentlich Nebenabsichten? Eine Nebenabsicht ist wie eine Schwester der wahren Absicht und ist ebenso ein Gemisch aus Bedürfnis, Sehnsucht, Geheimnis und Vision. Doch die Nebenabsicht ist ein Beweggrund, den wir nicht unbedingt laut aussprechen würden. Bei einem Bewerbungsgespräch würden wir kein Wort über die üblen Konflikte mit den alten KollegInnen verlieren, vor denen wir fliehen wollen. Auf unserer neuen Unternehmenswebsite würden wir nicht schreiben: »Weil ich ihm beweisen will, dass ich es auch schaffen kann!« Und bei einem Date würde sich wohl selten jemand eingestehen, dass sich sein Leben sinnlos anfühlt

und er endlich wieder einmal etwas Intensives fühlen und erleben will.
Nebenabsichten sind also geheime Wünsche, die unsere wahren Wünsche und Sehnsüchte – wie den Wunsch nach neuen beruflichen Chancen, mehr Eigenständigkeit und Freiheit oder nach Liebe, die verbindet – verwässern. Sie fügen ihnen eine andere Note hinzu, verzerren unsere Absicht und damit den Verlauf der Dinge. Denn:

 # Es ist unmöglich, die Qualität deiner Absicht von der Qualität deiner Erfahrungen zu trennen.

Dabei ist es ganz egal, ob wir uns unserer Absichten oder Nebenabsichten bewusst sind oder nicht. Sie beeinflussen nicht nur das Ergebnis, sondern das gesamte Erlebnis, das wir dadurch erschaffen. Und das in jedem Stadium. Angenommen, du hast deine Berufung gefunden, hast sie aus deinen Tiefen geborgen wie einen Schatz, kannst sie benennen und bist schon dabei, die ersten Schritte umzusetzen. Doch bei deinem nächsten Besuch im Internet stößt du auf ein tolles Idol, das diesen Weg scheinbar bereits hervorragend beschreitet und darin wohl auch sehr glücklich oder erfolgreich ist. Dann ist es völlig menschlich, dieses Idol genauer beobachten zu wollen und zu versuchen, es zu kopieren und ihm nachzueifern, in der Hoffnung, damit zum selben Ziel zu kommen. Und ohne es zu merken, stehst du wieder im Schatten von fremden Zielen und Illusionen. Deine Absicht ist plötzlich nicht mehr »Ich will meine wahre Aufgabe erfüllen und mich entfalten«, sondern »Ich will so sein wie sie«. Und schlagartig bist du von deinem authentischen Pfad der Selbstverwirklichung ein Stück weit abgekommen. Du steuerst nicht mehr auf deine ganz persönliche schwarze Zehn in der Zielscheibe zu, sondern versuchst, dort zu landen, wo jemand anderer offensichtlich schon ist. Dabei passiert vieles gleichzeitig, das wir zuerst verstehen müssen, um es dann in uns selbst erkennen zu können: Es ist die Fehlkraft der Nebenabsicht.

Die Fehlkraft der Nebenabsicht

1. **Ablenkung:** Die wahre Absicht des »Ich will meine wahre Aufgabe erfüllen und mich entfalten« wurde abgelenkt von einer Nebenabsicht, die da heißt »Ich will so sein wie mein Idol«. Die Absicht, die den Bogen spannt, wird dadurch verzerrt, was alles Weitere beeinflussen wird.
2. **Umlenkung:** Sobald die Nebenabsicht wirksam wird, verändert sich die Flugrichtung des Pfeils. Wir verbiegen uns und versuchen, eine ganz bestimmte Entwicklung zu erzwingen. Wir brauchen enorm viel Energie, um zu steuern, zu manipulieren, zu kämpfen.
3. **Fehlschlag:** Sind uns die Ablenkung und Umlenkung nicht bewusst geworden und haben wir nicht wieder in Richtung wahre Absicht eingelenkt, steuern wir auf ein Erlebnis und ein Ergebnis zu, die sich nicht wirklich authentisch, nicht harmonisch und natürlich, sondern anstrengend und im schlimmsten Fall wie ein Fehlschlag anfühlen werden. Auf dieser verzerrten Flugbahn ist es sehr wahrscheinlich, dass wir unser eigentliches Ziel nie erreichen, sondern dass wir uns in Situationen wiederfinden, die uns menschlich nicht guttun. Warum? Weil wir nicht der klaren Absicht, sondern einer Nebenabsicht gefolgt sind und diese uns von unserem Ganz-Sein, unserer wahren Authentizität getrennt hat.

Erkennst du die Fehlkraft der Nebenabsicht? Sie greift ganz subtil ins Geschehen ein, doch sie prägt es massiv. Denn sie kommt – wie die klare Absicht selbst – aus dem Bogen, der den Pfeil aussendet. In den 3 Stufen der Manifestation, die du in Regel #4 kennengelernt hast – die Stufe des Bewusstseins, die Stufe der Verstärkung und die Stufe der Kreation –, wirkt die Absicht bereits in Stufe 1. Sie ist sozusagen der Treibstoff für die Initialzündung. Allen deinen Ideen, Vorhaben und Wünschen wohnt eine Absicht inne und je klarer und stabiler diese Absicht ist, desto unbeirrbarer, desto kraftvoller und desto authentischer kannst du diese Vorhaben umsetzen. Und desto vollständiger, stabiler und stärker wirst du dich dabei fühlen. Desto kraftvoller ist dein Bogen und desto zielsicherer dein Pfeil.

#Wer seine Wahrheit gefunden hat, braucht keinen Vergleich.

Ungeduld und Kurzsichtigkeit stehen uns oft im Weg, besonders, wenn wir uns in Vergleichen verlieren und uns daran messen, wo andere stehen. Wenn du also ungeduldig wirst, frage dich aufrichtig:

- Würdest du den Erfolg, den du bei anderen siehst, überhaupt selbst (schon) verkraften?
- Würde dir die große Liebe, die andere scheinbar gefunden haben, jetzt überhaupt schon von Wert sein?
- Würdest du die persönliche Freiheit und Entfaltung, die andere scheinbar auskosten, selbst schon konsequent leben können? Wärst du wirklich schon bereit, all das loszulassen und zu überwinden, was dich jetzt noch davon trennt?

Wenn du etwas noch nicht verkörperst, was du dir wünschst, dann hast du einen Grund dazu. Dann gibt es noch Dinge zu klären, Muster zu lösen und Ängste zu erkennen. Und du bist mittendrin, das zu tun! Du bist auf dem Weg. Freue dich darüber und konzentriere dich weniger auf das, was du im Außen bei anderen siehst, sondern bring deine Aufmerksamkeit und Energie wieder zurück zu *deinem* Bogen und *deinem* Pfeil. Bewerte die vermeintlichen Leistungen und das scheinbare Glück anderer nicht über – und unterschätze nie die Kraft deines eigenen Bogens.

Die Dinge haben den Wert, den Sinn und die Wirksamkeit, die du ihnen gibst.

Es klingt wunderbar, dass wir vollständig, stabil und stark sein können. Dass wir Sinn finden und ihn leben können. Doch ganz ehrlich: Darfst du denn so voll in deiner Kraft, selbstsicher, authentisch und strahlend auftreten? Dürfen deine Pfeile denn mit ganzer, gebündelter Energie fliegen? Oder solltest du besser »unterm Radar« bleiben? Für dein Umfeld immer gleich und vorhersehbar leben? In den Strukturen unseres Alltags ist es nicht immer leicht, die eigene, eben entdeckte Wahrheit auch zu vertreten. So, wie wir es wagen müssen, heil zu werden, so braucht es auch Mut, authentisch und ehrlich zu leben. Unser Inneres im Außen zu zeigen. Denn da stellen sich viele Fragen: Wer glauben wir eigentlich plötzlich zu sein? Sind wir überhaupt gut genug? Sind wir es wert, so erfüllt zu leben? Eine glückliche Familie zu haben? Eine harmonische Partnerschaft? Einen sinnerfüllten Beruf? Eine befreiende Wende im Leben? Interessante Freunde und spannende neue Begegnungen? Abenteuer? Fülle? Gesundheit? Welche Selbstzweifel uns auch schwächen wollen: Immer liegt die Antwort auf diese Schwächung darin, unseren Selbstwert zu stärken. Denn: **Wir müssen es uns wert sein, ein wertvolles Leben zu führen.** Erst recht, wenn dieser Wert über das Austauschbare, das Materielle hinausgeht und aus unserem Inneren, unserem Kern und unserer authentischen Fülle kommt. Daher lass uns ehrlich sein, lass uns deinen Wert festigen und deinem wahren Selbst damit noch ein großes Stück näherkommen.

Meine neue Ehrlichkeit: Reframing
Was macht einen Menschen wertvoll?

Nimm dir ein paar Minuten Zeit und horche in dich hinein, welche Vorstellungen eines »wertvollen Menschen« du in dir trägst. Sie sind die förderlichen Absichten und weniger förderlichen Nebenabsichten, die deinen Bogen mitspannen und darüber entscheiden, ob du Sinn und Erfüllung in deinem Tun und in deinen Zielen und Erfolgen finden wirst.

Vervollständige dazu den Satz »Ein Mensch ist wertvoll, wenn er …« zehn Mal ganz impulsiv, ohne lange darüber nachzudenken, in der nachstehenden linken Spalte.
Sieh dir dann deine zehn spontanen Antworten an und überprüfe, ob diese Wertvorstellungen tatsächlich (noch) wahr für dich sind. Ob sie dem entsprechen, was du in der Welt vertreten und verkörpern willst, und ob sie dein Denken und deine Absichten tatsächlich weiterhin prägen sollten.
Gehe dann in die rechte Spalte und formuliere dort den Satz neu. Vervollständige den Satz »Ein Mensch ist wertvoll, wenn er …« in der rechten Spalte zehn Mal so, wie er wirklich stimmig und richtig für dich ist, und übernimm gerne die Formulierungen aus der linken Spalte, die bereits schön und aufbauend für dich waren.
Damit bringst du Klarheit in deine Wertvorstellungen und räumst mit jenen Überzeugungen auf, die dich immer wieder in Nebenabsichten drängen und dich von deiner Wahrheit trennen können.

Ein Mensch ist wertvoll, wenn er …

1 …	1 …
2 …	2 …
3 …	3 …
4 …	4 …

5 …	5 …
6 …	6 …
7 …	7 …
8 …	8 …
9 …	9 …
10 …	10 …

 # Strebe danach, eine Person zu sein, die du wahrhaft lieben kannst.

Unsere ehrlichen Werte zu formulieren und das zu erkennen und auszudrücken, was unseren Bogen tatsächlich spannt, ist manchmal gar nicht einfach. Denn Werte sind in unserer Gesellschaft sehr reduziert und entfremdet worden. Wir haben noch eine vage Vorstellung von Freiheit, von Entschlossenheit, von Begeisterung und Hilfsbereitschaft. Doch die Medien- und Werbewelt hat unsere Werte mit so vielen Bildern belagert, die unsere Kaufkraft fördern, aber unser Herz oft irritiert und fehlgeleitet zurücklassen. Daher lohnt es sich, sich wieder einmal an Werte zu erinnern, die wir vielleicht aus dem Blick verloren haben. Da sind Werte wie Demut, Verständnis, Wachsamkeit, Weisheit, Achtsamkeit, Taktgefühl, Verantwortung, Toleranz, Selbstdisziplin, Rücksichtnahme, Mitgefühl, Mäßigung, Idealismus, Humor, Güte, Geduld, Ehrlichkeit, Durchhaltevermögen, Dankbarkeit, Aufrichtigkeit, Freude, Freundlichkeit, Respekt, Ordnung, Zusammenhalt, Zielstrebigkeit, Zuverlässigkeit, Ästhetik, Großzügigkeit, Einheit, Fleiß, Aufrichtigkeit, Liebesfähigkeit, Zuversicht, Aufmerksamkeit, Flexibilität, Ruhe, Ausgeglichenheit, Standfestigkeit, Risikobereitschaft, Entscheidungsfreude, Abenteuer, Genauigkeit, Engagement, Interesse, Sanftmut, Willensstärke, Solidarität, Kreativität, Lösungsorientierung, Präsenz, Professionalität, Tapferkeit, Sensibilität, Klugheit, Fantasie, Harmonie, Integrität, Würde, Zufriedenheit, Menschlichkeit, Familiensinn, Wertschätzung, Frieden und Courage.

 # Dein wahrer Weg ist es nicht, dich gegen die Unwahrheit aufzulehnen, sondern die Wahrheit auszudehnen.

Werte nähren unsere Absichten – und Absichten geben unserem Tun seinen Sinn. Daher können wir nur dann Sinn empfinden und erleben, wenn wir unsere Werte kennen und versuchen, sie im Leben zu vertreten. Das Schöne dabei ist: Wenn wahre Werte deinen Bogen spannen und du deine Pfeile in Klarheit aussendest, dann wird es immer einfacher und einfacher, du selbst zu sein. Du kannst immer aufrichtiger zu dir und hinter dem stehen, was du in die Welt bringst. Anerkennung von außen wird immer unwichtiger und die Angst, einen Fehler zu machen, weicht der Sicherheit, dass du auf *deinem* Weg bist und dass dieser Weg für *dich* richtig ist – selbst, wenn es Schwierigkeiten und Hürden gibt.

Die Basis dafür, Wertvolles leben zu können, ist Selbstwertschätzung. Um diese innere Gewissheit über deinen eigenen Wert und deine Wichtigkeit in dieser Welt zu festigen, habe ich wieder schöne Affirmationen für dich vorbereitet. Lies sie jeden Tag, höre sie dir immer morgens und abends an, und lass dich ein auf das Gefühl, bedingungslos wertvoll zu sein. Dehne deine Wahrheit, dein Wertvoll-Sein jeden Tag mehr und mehr aus. **Denn je mehr Wert du dir selbst zuerkennst, desto mehr Wert und Sinn wirst du in deinem Leben finden und anderen geben können.**

Aufsteigende Affirmationen #5:
Ich bin wertvoll

Ich bin wertvoll. Ich kenne meine Wahrheit und habe das Recht, sie zu leben. Ich darf ich selbst sein und jeden Tag mehr zu dem Menschen werden, der ich wirklich bin. Ich darf mich zeigen. Ich darf mich starkmachen für mich und all die Dinge, die mir wichtig sind. Ich darf zu mir selbst stehen und zu allem, was ich fühle, denke und tue. Ich kenne meinen Weg und setze immer neue Schritte in die richtige Richtung. Ich bin mir meiner selbst sicher. Ich baue auf mein inneres Fundament und folge meiner inneren Führung. Ich bin klar und konzentriert. Ich bin wach und frei. Ich erlaube mir, mich selbst auszudrücken. Ich vertrete meine Wahrheit und segne die Wahrheit anderer. Ich kann mit anderen mitfühlen und sie verstehen und dennoch ich selbst bleiben. Denn ich bin ganz bei mir. Ich wachse jeden Tag noch weiter in mein wahres Selbst hinein. Ich weiß, wer ich bin, und strahle Sicherheit und Stabilität aus. Ich gehe meinen Weg und darf meine wahre Größe leben.

Diese Kognitionen unterstützen dich dabei, dir zu erlauben, zu dir zu stehen und deine Wahrheit immer mehr zu verkörpern.

 # Deine wahre Absicht trennt dich nie von dir oder von anderen. Sie macht dich und dein Tun vollständig.

Erst wenn unser innerer Konflikt, unser Hadern mit unseren Nebenabsichten, beendet ist und wenn wahre Werte auch hinter wahren Absichten stehen, können wir als ganz und stark wahrgenommen werden. Dann sind wir nicht mehr zweideutig oder zweifelnd, sondern wir können authentische Stabilität und Freiheit ausstrahlen. Wir *sind* das klare »innen ja, außen ja. Innen nein, außen nein.« Doch genau dieses starke Bei-sich- und In-sich-Sein ist eine immense Herausforderung in der modernen Welt. Denn überall ist Ablenkung, überall sind Reize, überall Versprechen, denen wir folgen wollen – schlichtweg, weil sie so einfach klingen. **Und weil diese Ablenkungen so gigantisch vielseitig sind, brauchen wir ein gigantisch gutes Gefühl für unser eigenes Richtig und Falsch.** Für unsere Absichten, unsere Werte und damit die Energie, die wir als Bogen unseren Pfeilen mitgeben. Wenn wir uns nur auf Ziele konzentrieren, wenn wir nur den Pfeil sehen, dann sind wir immer versucht, dem zu folgen, was uns scheinbar schnell und einfach dorthin bringt. Wenn wir uns aber auf unsere Absicht, unsere eigene Wahrheit konzentrieren, dann werden Geschwindigkeit und Zeit weniger wichtig, dann suchen wir Qualität, Sinn und Ganzheit. Wir sind nicht mehr so sehr interessiert daran, den schnellstmöglichen Weg zu gehen, sondern den bestmöglichen Weg. Den Weg, auf dem wir uns nicht zerrissen und gejagt, sondern klar und in unserer Kraft fühlen. Um das zu erreichen, gilt es, immer wieder unsere Absichten zu klären, Nebenabsichten zu erkennen und uns bewusst für die Klarheit und Wahrheit zu entscheiden.
Aber wie kannst du eine wahre Absicht von einer Nebenabsicht unterscheiden?

Einer klaren Absicht zu folgen, bedeutet, »ungeteilt« zu sein:
- ungeteilt in deinen Motiven,
- ungeteilt in deiner Entscheidung,
- ungeteilt in deiner Aufmerksamkeit,
- ungeteilt in deinem Tun.

Eine wahre Absicht wie »Ich will meine wahre Aufgabe erfüllen und mich entfalten« kennt keinen Konflikt, kein Hadern, kein Zweifeln im Vergleichen. Sie ist etwas, zu dem wir mit unserem ganzen Körper, unserem ganzen Wesen »Ja« sagen können, weil es aus unserer ehrlichen Tiefe kommt. Wir spüren, dass diese Absicht für uns richtig ist und dass wir uns ehrlich wünschen, sie auch verwirklichen zu können. Dass wir dabei Ganz-Sein können. Eine Nebenabsicht spaltet uns mehr, während es hier keinen Raum gibt für Zweifel, für Unwohlsein und Energieverlust. Unsere Antworten und Richtungsanweisungen kommen von innen. Wir empfangen sie sozusagen aus unserem Herz- und Bauchraum und dürfen diesen in jeder Situation befragen.

Entscheidende Entscheidungen treffen

 # Innen ja, außen ja. Innen nein, außen nein.

Um dir in deinen Entscheidungen immer sicherer zu werden und dein Gefühl für deine wahre Absicht und deine nächsten Schritte zu schulen, habe ich eine kleine Übung für den Alltag für dich:

1. Werde dir klar, welche Frage du hast.
2. Formuliere deine Frage (gedanklich oder schriftlich) so, dass du sie mit einem einzigen Ja oder Nein beantworten könntest.
3. Lenke nun deine Aufmerksamkeit und deinen Atem in deinen Herz- und Bauchraum. Lass deinen Atem ganz ohne Druck ein paar Mal bewusst in deine Tiefe fließen – mit der Intention, dich mit deinem Sinn für deine Wahrheit zu verbinden.
4. Stell dir innerlich deine Frage.

5. Beobachte nun: Wird dein Herz- und Bauchraum bei dieser Frage weit oder eng? Fühlt es sich nach Expansion und Weite an? Öffnest du dich bei dieser Frage? Oder entsteht bei dieser Frage Enge in deinem Herz- und Bauchraum? Willst du dich verschließen?
6. Deute das Gefühl von Weite und Offenheit als eine Ja-Antwort deines Herz-Bauch-Raums, das von Enge und Verschlossenheit als eine Nein-Antwort.
7. So findest du dein »innen ja, innen nein«.

Wende diese Übung zuerst bei einfachen Dingen wie der Speiseauswahl in einem Restaurant an oder der Frage danach, ob du heute Abend noch Freunde treffen oder lieber einen ruhigen Abend zu Hause erleben möchtest. Mache deine Erfahrungen mit deinem »innen ja, innen nein« und taste dich immer weiter zu größeren Fragen und wichtigeren Entscheidungen vor. Je geübter du bist, desto schneller und einfacher wirst du eine klare innere Führung erhalten – und die Erfahrungen werden dich lehren, dass du dich darauf verlassen und ihr vertrauen kannst.
Schon jetzt wird die Rückmeldung aus deinem Herz- und Bauchraum in sehr vielen Fällen eindeutig sein und dir die Entscheidung leicht machen. Gelingt es dir allerdings nicht, ein klares Feedback zu erkennen, dann schaue:

- Bist du gerade in emotionalem oder mentalem Stress?
- Wenn ja, dann wirst du gerade von deinem Instinkt beraten, nicht von deiner Intuition oder Inspiration.

In diesem Zustand ist die Intelligenz deines Herz- und Bauchraums, also deine »innere Stimme«, darauf bedacht, zuallererst deinen Stress zu mindern, dich sozusagen in Sicherheit zu bringen. Erst dann kann sie dich wieder mit neuen, kreativen Lösungen bedienen. Denn **unter Stress werden deine Intuition und**

Inspiration von deinem Instinkt überlagert. Er wird vorgeschaltet, um dich zu schützen. Der Instinkt ist jedoch nicht für unsere persönliche Entfaltung zuständig. Er ist immer auf Gefahr, Angst und Schmerzvermeidung bedacht. Die Tipps, die dir dein Instinkt gibt, sind daher ganz anderer / viel misstrauischer und zögerlicher / Natur als die Anregungen, die deine Intuition oder deine Inspiration für dich bereithalten.

 # Instinkt ist dein Sinn für Sicherheit. Intuition ist dein Sinn für Entfaltung. Inspiration ist dein Tor zum Neuen.

»Höre auf deine innere Stimme« und »Folge deinem Herzen« sind wunderbare Sätze, die wir oft hören. Doch wenn wir gestresst sind und uns unter Druck gesetzt fühlen, sind die Signale, die wir dort empfangen, nicht klar. Unter dem Einfluss von Stresshormonen sind wir nicht im kreativen Empfänger-Modus. Wir sind nicht zugänglich für höhere Inspiration und Kreativität, sondern wir sind in einem inneren Zustand, in dem wir Neues sehr kritisch sehen, Risiken meiden, ängstlich denken und uns irgendwie absichern wollen. Daher kann die »innere Stimme« – »dein Bauchgefühl« – dir dann durchaus auch Ratschläge geben, die dich nicht weiter nach vorne, sondern vielmehr in ein sicheres Versteck bringen. Genau darum ist es so wichtig, dass wir lernen, unsere 3 inneren Stimmen zu unterscheiden und gezielt darauf zu reagieren. Ist uns das gelungen und können wir dieses höchst wertvolle Instrument bewusst nutzen, dann haben wir einen großen Schritt in Richtung Selbstachtsamkeit, Selbstverständnis und erfolgreicher Selbstverwirklichung gemacht. Denn richtig eingesetzt und verstanden, sind **Instinkt, Intuition und Inspiration die drei Urkräfte, die uns durch unser Leben navigieren.** Und dabei unterscheiden sie sich in ihrer Beratungsqualität grundlegend:

Die 3 inneren Stimmen
Instinkt, Intuition und Inspiration

Instinkt	Intuition	Inspiration
Kommt aus unseren Wurzeln, aus dem Urgrund unseres menschlichen Seins.	Ist unsere »Bauchintelligenz«, die ihre Schlüsse aus bisherigen Erfahrungen zieht.	Kommt »von oben«, aus den höheren Sphären unseres menschlichen Seins.
Ist triebhaft.	Ist höchst individuell.	Ist überpersönlich.
Gleicht einem Jagdimpuls.	Gleicht einem Entscheidungsimpuls.	Gleicht einer Eingebung.
Ist triebhaft und schnell.	Ist effizient und eindeutig.	Ist leise und subtil.
Beherrscht uns unter Stress, ist hartnäckig und wiederholt sich ständig.	Bietet, wenn wir entspannt sind, Optionen an und ist wachsam-wartend, bis wir bereit sind, ihnen zu folgen.	Steht für sich und zieht weiter, wenn wir ihr keine Aufmerksamkeit schenken.
Will uns im Alten und Bekannten schützen.	Öffnet ein Feld an Möglichkeiten, die wir ausloten können.	Bringt etwas Neues in unser Leben.
Ist auf Gefahr, Schutz und Schmerzvermeidung bedacht.	Ist auf authentische Erlebnisse und Weiterentwicklung von Bekanntem bedacht.	Ist auf neue Entfaltung und höhere Menschwerdung bedacht.
Berät dich aus Angst.	Berät dich aus Erfahrung.	Berät dich aus Kreativität.
Dein Sinn für Sicherheit.	Dein Sinn für Effizienz.	Dein Sinn für das Neue.

Wie du siehst, kann das, was man gemeinhin als »innere Stimme« bezeichnet, ganz unterschiedliche Eigenschaften haben und uns entsprechend zu ganz unterschiedlichen Ergebnissen führen. Unsere Nebenabsichten entstehen meist auf der Ebene des Instinktes. Denn hier sind wir versucht, in die Emotionen der Abwärtsspirale aus Regel #4 zu rutschen und aus Neid, Eifersucht, Rache, Habgier, Ungeduld oder Frustration zu agieren. Spannen wir unseren Bogen aus unserem Instinkt und diesen Abwärts-Gefühlen heraus, werden wir auf der Flugbahn unseres Pfeils etwas ganz anderes erleben, als wenn wir unseren Bogen aus einer ruhigen, intuitiven, oder gar inspirierten Haltung heraus spannen. Nicht das *Ob,* sondern das *Wie* entscheidet.
Auch und gerade deshalb ist es so wichtig, dass du auf deinem Weg zur Klarheit und zu deinem selbstbestimmten Leben Mittel und Wege findest, dich selbst in einen entspannten Zustand zu bringen, um für deine Intuition und Inspiration offen zu sein. Gerade, wenn du Entscheidungen treffen oder neue Grundlagen für deinen Beruf, deine Beziehungen und deinen weiteren Lebensweg legen willst, solltest du das aus einer inneren Ruhe und Gelassenheit heraus tun können, um den nötigen Weitblick zu haben. Daher lade ich dich ein, deine eigenen Entspannungstechniken, die aufsteigenden Affirmationen oder Meditationen, die ich dir in den Buch-Downloads bereitstelle, wirklich regelmäßig aktiv zu nutzen und zu beobachten, wie du immer mehr und mehr in deine Ruhe, deine Tiefe, deine Sicherheit und damit zu deiner Wahrheit findest. So befreist du deine Intuition und Inspiration, und deine innere Stimme wird immer klarer und deutlicher werden.

 # Frage dich »Wer bin ich?« und wachse jeden Tag mehr in die Antwort hinein.

Je besser du mit deinen 3 inneren Stimmen zusammenarbeitest, desto klarer und deutlicher wird deine innere Führung dich anleiten. Es wird immer einfacher, zwischen deinem Richtig und

Falsch, deinem Ja und Nein zu unterscheiden, und auch, das große Bild deiner selbst zu sehen. Weil wir immer weniger blinde Flecken ausblenden müssen und unseren (viel zu engen) Zielfokus weiten. Wir sehen nicht mehr nur das gewünschte Ergebnis, sondern vor allem auch unsere Absicht, den Sinn einer Sache, und suchen nach der bestmöglichen Qualität unserer Erfahrung. Verwurzelt in unserer Wahrheit, stehen wir auf solidem Grund. Die Stürme in der Welt können uns nicht mehr so leicht aus unserer Flugbahn werfen, Misserfolge erleben wir nicht mehr so sehr als Scheitern, sondern vielmehr als einen Aufruf, uns wieder auf unsere Basis, auf unseren Bogen, zu besinnen – um mit gestärkten, noch klareren und zugleich wert-volleren Absichten einen neuen Pfeil einzuspannen. Der richtig interpretierte Instinkt gibt uns die Kraft und den Antrieb, nach Rückschlägen wieder aufzustehen und Hürden kraftvoll zu überwinden. Unsere Intuition zieht uns auf die richtige Spur und lässt uns unsere Entscheidungen immer klarer und individueller treffen – und die Inspiration sorgt dafür, dass wir mit neuen Impulsen und neuen Ideen immer wieder genau die Wendungen und Weiterentwicklungen zulassen, die wir brauchen. So zu leben, ist irrsinnig reich und bereichernd. Ist frei und offen und dabei zentrierter als je zuvor. Denn die Kraft, die Energie, sammelt sich in dir und du kannst sie in deiner Berufung umsetzen, ausweiten und zu etwas machen, das dich und andere erfüllt. Du bist fokussiert und zugleich flexibel, weil du deine innere Führung findest und durch die Suche nach ehrlicher Authentizität aus deiner Lebenszielscheibe mit nur einer einzigen schwarzen Zehn in der Mitte (die so viel unnötigen und unnatürlichen Druck auslöst) etwas völlig Neues wird. Du siehst und erlebst alles aus einer höheren, weitsichtigeren Warte heraus und zwingst dich und dein Leben nicht mehr dazu, auf einen einzigen fixen Punkt zuzusteuern, der dich dann vielleicht sogar enttäuscht. Stattdessen gehst du offen, neugierig und bereit auf den Raum der Möglichkeiten zu, indem du mehr und mehr zu dem Menschen wirst, der du wirklich bist.

 # Deine Berufung ist keine Ziellinie, die du überschreitest, sondern ein Raum, den du betrittst.

Lass mit mir gemeinsam die Vorstellung davon los, dass deine Berufung ein fixer Punkt ist, den du erreichen sollst. Denn wenn wir nur ein fixes Ziel sehen und uns darin verbeißen, sehen wir nur einen Endpunkt, aber wir sehen keine Entwicklung. Wir sind gebunden an eine feste Vorstellung und übersehen dabei die Chancen und Alternativen, die das Leben uns darüber hinaus eigentlich bieten möchte. Wir wollen nach vorne und nach oben, aber gesundes Wachstum dehnt sich in alle Richtungen aus. Es entfaltet sich. Es gibt dir und deinen Talenten, deinem Wesen und deinem tieferen Sinn eine Form. Und diese Form ist nie starr und fest: Sie ist lebendig und wächst mit dir mit. Darum stelle dir deine Berufung von nun an als einen Raum vor, den du betreten darfst. Einen großen, weiten, lichten Raum, in dem du dich wohlfühlst, der spannend ist und in dem du positiv gefordert wirst. In dem du heilen, lernen, dich bestätigen, dich weiterentwickeln und deine Ideen und deine Stärke entfalten kannst. Es ist ein Raum, in dem du ein unaustauschbares Gefühl von Heimat, von Ankommen, von Stabilität, von Geführt-Sein, von Sicherheit, von Ruhe und von Gewissheit findest – selbst, wenn im Außen gerade keine Gewissheit ist. Dort bist du so angebunden an deine Wahrheit, dass du auch nicht zweifelst, wenn es einmal schwierig wird. Du bist so aufgehoben, dass du ruhig bleibst, auch wenn du gerade nicht weißt, was als Nächstes kommt. Und du bist ihm treu, auch wenn du dich in gewissen Phasen alleine fühlst mit deinen Gedanken, Hoffnungen und guten Absichten. Denn dieser Raum ist *dein* Raum. Niemand kann ihn je so ausfüllen wie du. Und je weiter du dich in ihn hineinwagst, je offener und ehrlicher du in ihm lebst, desto mehr dehnt er sich für dich aus. Desto weiter und zugleich passgenauer wird er. Er drückt deine Individualität aus – aber nicht zum Selbstzweck, sondern damit du in diesem *Berufungs-Raum* wirksam in der Welt sein kannst.

Damit du Schritt für Schritt authentischer lebst und so auf deinen »höheren Weg« findest, den wir in Regel #7 kennenlernen werden.

Dein *Berufungs-Raum* bringt deine innere Wahrheit nach außen und diese Wahrheit will immer, dass du ganz wirst, dass du vollständig in deine Kraft kommst und dass du weiterwächst. Für deine Wahrheit ist nichts unmöglich. Für deine innere Führung ist immer alles klar. Nutze diese Klarheit – und gib deiner (Lebens-)Aufgabe die Erlaubnis, dich zu überraschen, dich herauszufordern, größer zu sein, als du für möglich hieltest, und vor allem: anders zu sein, als du sie dir bisher vorgestellt hattest. Erlaube ihr, die Form anzunehmen, die jetzt gerade richtig und wichtig ist. Für dich und dein ganzes Umfeld. Und je mehr du das zulassen kannst, je mehr du deiner inneren Führung folgst und deinen Raum einnimmst, desto mehr siehst du das größere Bild. Du wirst freier, aus deinem Beruf wird Berufung und aus deinem Alltag eine erfüllende Aufgabe. Dabei geht es um weit mehr als den richtigen Job oder die perfekte Karriere. Es geht um dein Ganz-Sein. Nichts weniger. Genau deshalb ist unser Wunsch danach auch so groß. Und mehr noch: Ich glaube, dass es unsere höchste Sehnsucht und unsere essenzielle Lebensaufgabe ist, unseren eigenen *Berufungs-Raum* zu finden, den Mut zu haben, ihn zu betreten, und ihn nach Kräften und mit Freude auszufüllen.

 # Berufung heißt Ganz-Sein, nichts weniger, und geht weit über unsere beruflichen Tätigkeiten hinaus.

Berufung meint alles. Dein ganzes Leben, das unter einem klaren Aufruf, einer Bestimmung, einem Sinn stehen soll. Und weil das so viel mehr ist als deine berufliche Arbeit, ist die Frage danach, was uns wirklich erfüllt, was unsere wahre Aufgabe ist, was uns »ganz sein« lässt, eine Frage, die wir uns regelmäßig neu stellen müssen. Denn die Antwort verändert sich mit uns mit. Sie entwickelt sich weiter, sobald wir uns weiterentwickeln. Je liebevoller und offener wir sind, desto mehr Menschen und Möglichkeiten werden wir begegnen. Je stärker und klarer wir werden, desto größere und komplexere Aufgaben können wir auch erfüllen. Auf allen Ebenen: persönlich und privat ganz genauso wie beruflich. Und jede dieser Ebenen hat ihre volle Berechtigung und braucht unsere Aufmerksamkeit, denn gemeinsam formen sie unseren *Berufungs-Raum.*

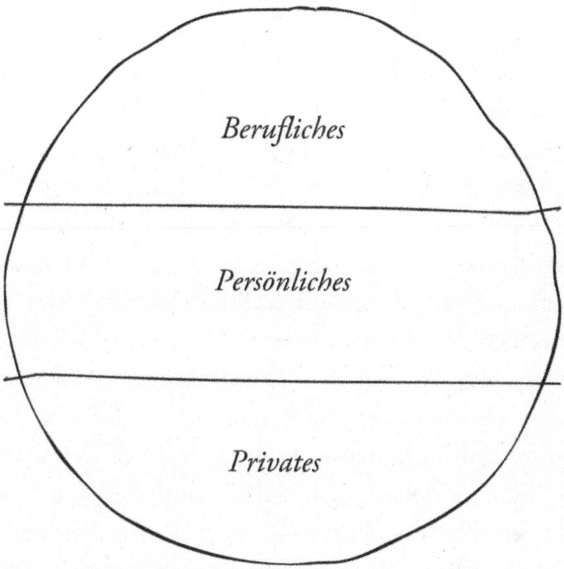

Wir können uns nur ganz fühlen, wenn wir uns in allen Seins-Ebenen gerne bewegen. Wenn wir in jedem Bereich bereit sind, unsere Wahrheit zu suchen und nach ihr zu leben. Und auch wenn das sehr fordernd klingen mag, so dürfen wir hier absolut darauf vertrauen, dass wir weit belastbarer und machtvoller sind, als wir meinen, und wir dürfen uns sicher sein, dass jeder Bereich, den wir authentisch und aus unserer inneren Führung heraus gestalten, uns neue Kraft schenkt – Kraft, die wir dazu nutzen können, auch die anderen Bereiche zu nähren. Und das macht uns vollständiger. Denn alle Bereiche greifen immer ineinander, sind immer miteinander verbunden. Wenn wir jemanden hören, der sagt, dass er Berufliches und Privates klar trennen möchte, dann meint er damit meist, dass er die Belastungen aus dem Job nicht mit in die Familie tragen will oder umgekehrt. Und das ist ein völlig legitimer Wunsch. Gerade in Zeiten von mobiler Kommunikation, Remote Work und Vernetzung wollen und müssen wir bestimmte Grenzen ziehen. Ich spreche darüber mit vielen Menschen in meinen Beratungen und weiß, dass Grenzen genauso wie eine digitale Balance immer ein Teil des gesunden Ganzen sind. Doch das, was wir nicht eingrenzen, nicht abtrennen können und sollten, ist unsere Wahrheit. Ist unser Gefühl für Richtig und Falsch, für unser inneres Ja und unser inneres Nein. Wenn ich sage, dass dein *Berufungs-Raum* alles umfasst und in sich verbindet – deinen Beruf, dein Privates und dein Persönliches –, dann meine ich damit, dass du erst ganz in diesem erfüllenden Raum angekommen bist und ihn voll ausfüllen kannst, wenn *alle* Ebenen deines Lebens dort Platz haben. Wenn du nichts ausblenden und nichts übergehen musst. Wenn du dich in keinem Bereich von deinen persönlichen Überzeugungen, deinen Werten und deiner neuen Ehrlichkeit abspalten musst. Dein *Berufungs-Raum* wird erst dann zu deinem sicheren Zuhause, wenn du beruflich, persönlich und privat darin in deiner Wahrheit leben kannst. Wenn du nicht in deinem Job Werte vertreten und Dinge tun musst, die dir als Persönlichkeit widerstreben. Wenn du privat Beziehungen und Kontakte pflegst, die nicht auf Oberflächlichkeiten aufbauen oder von Nebenabsichten gelenkt werden. Und wenn du neben Beruf, Familie und Freunden auch noch Zeit und Energie dafür hast, dich mit dir, deiner Heilung und deiner Entwicklung zu befassen. Wenn kein Bereich den anderen auslöscht oder ablehnt, sondern wenn sie ineinandergreifen – und alles rund wird. Dann kannst du eine Einheit bilden aus dem, was *in dir* ist, und dem, was du nach draußen trägst. Und dein Bogen wird stärker und dein Pfeil kraftvoller denn je.

 # Du wirst dich erst vollständig fühlen, wenn du aufhörst, dich von deiner Wahrheit abzuspalten.

Mit den Schlüsseln

- deiner Selbstermächtigung,
- deiner Selbstverantwortung,
- deiner Selbstsicherheit,
- deiner Selbstheilung und
- deiner Selbstdefinition

hast du den Raum deiner persönlichen Wahrheit bereits betreten, und mit jeder Erkenntnis und jeder Erfahrung wächst du mehr und mehr in ihn hinein. Um deinen *Berufungs-Raum* noch deutlicher zu definieren und noch selbstbestimmter ausfüllen zu können, lade ich dich im Flow Writing #5 ein, ihm eine noch klarere Gestalt zu geben.

Flow Writing #5:
Die Kraft, die meinen Bogen spannt

Gehe in dich und finde im meditativen Flow Writing, ganz für dich allein oder mit der Anleitung in der Audiodatei Flow Writing #5 auf www.findeklarheit.de/buchdownloads, Antworten auf Folgendes:

- Ich werde innerlich ruhig und sicher, wenn ich ...
- Ich weiß, dass ich gut darin bin, ...
- Es zieht mich zu Menschen, Orten und Inhalten, die ...
- Es hat mich schon immer beschäftigt, dass es in der Welt ...
- Wenn ich Menschen begegne, die unter ... leiden, möchte ich am liebsten ...

- Ich weiß, dass ich nicht alle Probleme lösen kann, aber es würde mich so freuen, wenn ich …
- Vielleicht könnte ich etwas Gutes beitragen, wenn ich tatsächlich …
- Ich habe schon oft mit dem Gedanken gespielt, dass ich …
- Wenn ich mir alles zutraue, dann könnte ich …
- Um das einmal auszuprobieren, werde ich …

Mit diesen aufrichtigen Antworten kommst du der Kraft, die deinen Bogen spannt, und dem Ruf, der deinen Pfeil anzieht, ganz nahe. Sie sind das unsichtbare, magnetische Feld, das sich aus deinen Werten, deinen Visionen, deinen Fähigkeiten, deinen Sehnsüchten, deinem Idealismus, deinem Wunsch nach Verbesserung, deiner Liebe für bestimmte Tätigkeiten, deinem Sinn für das Richtige und deiner Freude am Leben aufbaut. Dein *Berufungs-Raum* ist ein Raum, in dem du im Tun Kraft schöpfen und in einen wunderbaren Fluss finden kannst.

 # Dich selbst zu definieren, heißt, tief in dir nach dir selbst zu suchen und das Ich anzunehmen, das dich dort erwartet.

Mein Berufungs-Raum

Dein Berufungs-Raum *ist der Raum, in dem sich Werte, Sinn und Sicherheit treffen*

Auf der Suche nach unserer Berufung fragen wir in der klassischen Persönlichkeitsentwicklung:

- Was tust du so gerne, dass du dabei die Zeit vergisst?
- Welche Themen interessieren dich so sehr, dass du immer mehr wissen willst?

Die Kombination aus geliebter Tätigkeit und spannendem Themenfeld kann dann zeigen, wo deine Berufung vielleicht liegt. Auf dem Weg der Klarheit und hin zu deinem höheren Weg wollen wir diesen Fragen ein paar – vor allem in Zeiten wie diesen – entscheidende weitere Fragen hinzufügen. Frage dich:

1. Bei welcher (beruflichen, persönlichen oder privaten) Tätigkeit werde ich innerlich ruhig und sicher? Wann fühle ich mich in mir selbst geborgen und zu Hause?
2. Welche Werte spannen meinen Bogen richtig?
3. Was in der Welt bereitet mir den größten Schmerz, und welche Themen in meinem Umfeld bereiten mir die größten Sorgen?

Diese Antworten sind besonders spannend, denn dort, wo sich deine sicheren Tätigkeiten und deine Werte mit den Schmerzen, die du auf der Welt wahrnimmst, überschneiden, öffnet sich dein wahrer *Berufungs-Raum.*

Nimm dir etwas Zeit, deine Gedanken zu deinen sicheren Tätigkeiten, deinen Werten und den Schmerzen, die du wahrnimmst, zu sammeln. In der Kombination daraus webt sich dein *Berufungs-Raum,* der dich in deine volle Wirksamkeit bringen kann. Setze dich aber nicht unter Druck. Dein *Berufungs-Raum* ist immer genau richtig, so, wie du ihn gerade siehst und erlebst, und er wird wie gesagt mit dir mitwachsen. Jede Berufung hat unterschiedliche Stufen, nimmt unterschiedliche Formen an, je nachdem, wo und wie du gerade lebst. Immer passt sich dein *Berufungs-Raum* den Umständen und Möglichkeiten an, die da sind, und – und das ist das Entscheidende dabei – macht das für dich Beste und Förderlichste daraus. Es geht also nicht darum, deinen *Berufungs-Raum* wie ein Social-Media-taugliches Vision-Board sehr schillernd, schick oder erfolgversprechend aufzupolieren, sondern ihn so ehrlich wie möglich zu gestalten und auf deiner wahren Basis aufzubauen:

- auf deinen Werten,
- deinen stärkenden Tätigkeiten und
- den Schmerzen der Welt, denen du etwas entgegenzustellen hast.

Meine Werte sind beispielsweise: (Welt-)Frieden, Schutz und Sicherheit, Weiterentwicklung, Wissensvermittlung, Wachstum, Liebe, Erziehung, Klarheit, Aufrichtigkeit, Wahrheit, Stärke, Zusammenhalt, Gesundheit in Körper, Geist und Seele.
Meine sicheren Tätigkeiten sind vor allem das Schreiben, das Lernen und Nachforschen. Ich liebe es, analytisch zu denken, genauso wie die spirituelle Komponente zu erfassen, meine Wahrnehmung zu schulen, neue Konzepte zu entwickeln, zu lesen, zu lernen, mit Menschen zu sprechen, zu diskutieren, in der Natur zu sein, zu meditieren, Wissen zu vermitteln und menschlich, mitfühlend, aufmerksam und liebevoll zu sein.
Die Phänomene, die mich in der Welt am meisten beschäftigen, sind Streit, Krieg, Gewalt, negative Manipulation, Unterdrückung von Menschlichkeit, Verharren in Unwahrheit und Leid, Lethargie, Faulheit, Ablehnung, Egozentrik und alles, was sie auslösen.

Durch die Kombination aus meinen Werten der Weiterentwicklung und Wissensvermittlung, dem Wunsch nach menschlichem Wachstum und den geliebten Tätigkeiten wie schreiben, Konzepte entwickeln und mit Menschen sprechen formt sich mein *Berufungs-Raum* als Autorin. Mit jeder meiner Arbeiten versuche ich, diese Werte bestmöglich zu leben, und ziehe meine

Motivation aus der Absicht, damit den Schmerzen – wie Verharren in Leid, negativer Manipulation und geistiger und emotionaler Unterdrückung – etwas Positives entgegenzustellen.
Doch als ich mit 22 Jahren erkannt habe, dass mein *Berufungs-Raum* den Namen »Autorin« tragen soll, und ich schließlich den Mut fasste, diesen Raum trotz meines schon fast abgeschlossenen Wirtschaftsdiploms auch zu betreten, war ich noch weit davon entfernt, Ratgeber schreiben zu dürfen. Alles, was ich damals hatte, war die klare Gewissheit, Autorin sein und aufbauende Worte in die Welt bringen zu wollen. Was mir das Leben dann mit meinen jungen 22 Jahren bot, war nicht etwa ein toller Verlagsvertrag, sondern zuerst einmal die Möglichkeit, eine Text- und Konzept-Agentur zu gründen – und damit die Möglichkeit, einige Jahre lang zu lernen, täglich auf Abruf zu schreiben, einen Stil zu entwickeln, die Menschen mit Worten zu berühren und eine Botschaft zu vermitteln. Und das tat ich zu Beginn in einer 35 m² großen 1-Zimmer-Wohnung in einem altrosafarbenen Wohnblock, in der zwischen meinem Bett und meinem »Büro« nur mein Drucker stand. Doch ich war dankbar für jeden einzelnen Auftrag und brennend motiviert, immer noch besser zu werden und *für* das tägliche Schreiben und *vom* täglichen Schreiben zu leben. Und je mehr ich diesen Raum, der sich mir damals bot, ausfüllte, je sicherer ich in meiner Tätigkeit wurde und je mehr ich persönlich reifen konnte, desto größere Projekte, desto kreativere Möglichkeiten und desto anspruchsvollere Aufgaben wurden mir offeriert. Bis ich mein erstes Theaterstück verfasste, über hundert Songtexte schrieb, Leitfäden für Millionenunternehmen formulierte, *Mission Statements* entwarf, ja, sogar einen Roman schrieb, der heute auf meinem Dachboden liegt. Egal, was ich auch erschaffen durfte: Das Schreiben war mein Zuhause. Glasklar erlebte ich das, als es in der Zeit meiner Depression einer meiner allerwichtigsten Anker war. Egal, was im Außen geschah, ich schrieb weiter, blieb meinen Werten treu und suchte meinen Weg der Wahrheit, bis schließlich mein *Berufungs-Raum* wieder

eine neue Form annahm und ich – ganz entgegen meiner Erwartungen – den Impuls hatte, einen Ratgeber zu schreiben: Dieser erschien 2017 als erstes offizielles Zeichen von mir als Autorin auf dem Markt.

Und auch dann erweiterte sich mein *Berufungs-Raum* erneut: Hinzu kamen Vorträge, Seminare, Workshops, Interviews, ein Podcast, und noch mehr Hinwendung zur Meditation, zur modernen Persönlichkeitsentwicklung und zum systemischen Coaching. Alles, was ich bis dahin je gelernt hatte, diente mir nun als Basis, um ganz neue, weitere Facetten zu leben. Und ich war und bin dabei sehr gefordert, oft außerhalb meiner Komfortzone. Und ich sehe, dass ich in jedem Bereich – ob beruflich, privat in meiner Familie oder ganz persönlich – immer nur so weit kommen kann, wie es die anderen Bereiche auch zulassen. Denn in ihrer Basis, in meiner eigenen Tiefe, entspringen diese Ebenen ja derselben Quelle. Alle meine Pfeile entsendet derselbe Bogen.

Meine innere Führung hat mich schon oft herausgefordert, aber noch nie enttäuscht. Heute bin ich absolut sicher, dass mein *Berufungs-Raum* sich immer weiter mit mir verändern und sich meinen Umständen und Möglichkeiten anpassen wird. Wie, wann und in welcher Form? Das wird sich zeigen. Ich spanne meinen Bogen weiterhin so gut ich kann mit einer starken Vision und einer klaren Absicht, doch ich übe mich gleichzeitig täglich darin, offen zu bleiben, Neues und Unerwartetes zuzulassen und auf das Unbekannte zu vertrauen.

 # Seiner Berufung zu folgen und nach der inneren Führung zu leben, ist viel mehr als ein Schritt, es ist eine Lebensweise.

Umso mehr wünsche ich dir viel Freude beim Kennenlernen, beim Ausweiten und beim Ausfüllen deines persönlichen *Berufungs-Raums*. Damit er dich mit Sinn, Freude und dem Gefühl der Selbstwirksamkeit erfüllen kann.

Beginne dazu bei deinen Werten. Welche Werte zeichnen dich aus? Notiere sie hier:

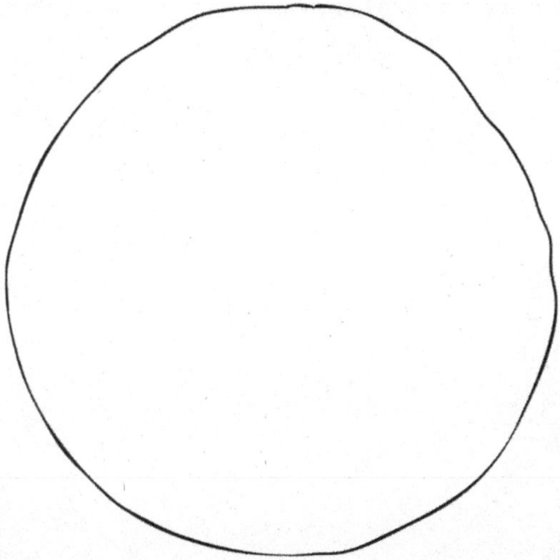

Welche Tätigkeiten geben dir ein Gefühl von Sicherheit und Heimat und machen dich zugleich neugierig, mehr zu lernen? Sie formen deinen Tätigkeitsraum:

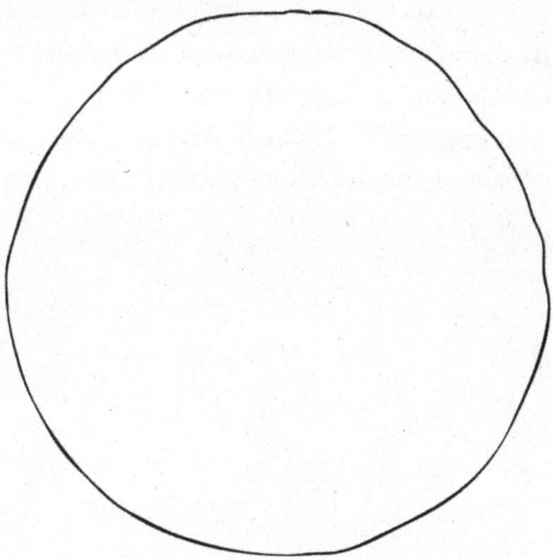

Wo sind die Schmerzpunkte, die Themen und Probleme in der Welt und in deinem Umfeld, die dich besonders berühren? Sie zeichnen deinen Themenraum aus:

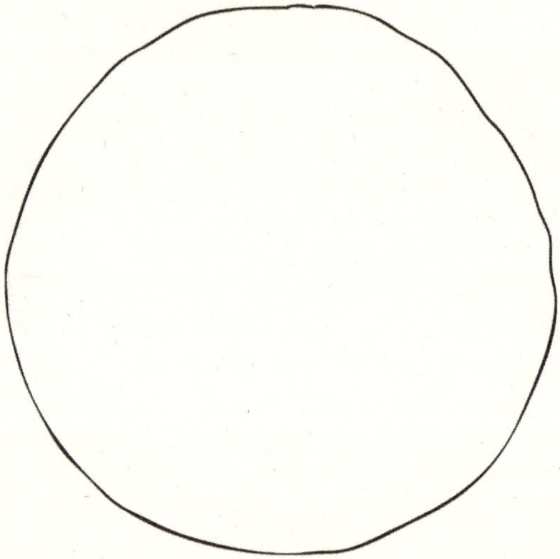

Erkennst du Überschneidungen und Möglichkeiten zwischen diesen Räumen? Findest du Werte, die du vielleicht von nun an bewusster mit deinen Tätigkeiten verknüpfen kannst? Hast du Ideen, wie du damit vielleicht sogar Schmerzen und Probleme der Welt mindern könntest? Was sollte dein Beitrag sein und wie kann er konkret aussehen? Wie definierst du *deinen* neuen *Berufungs-Raum?* Fasse deine Ideen hier zusammen:

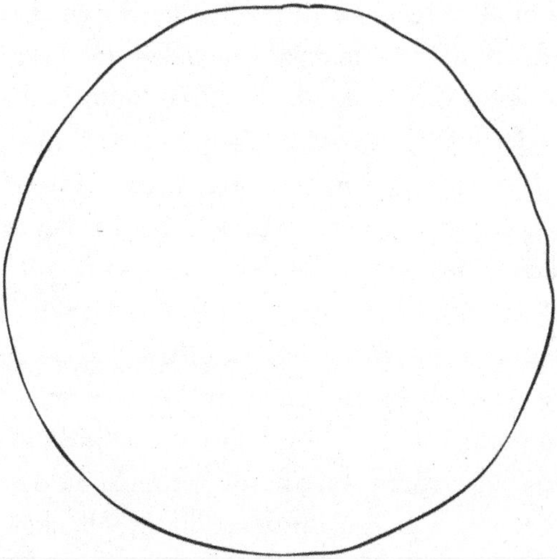

 # Das Leben wird nicht leichter, wenn du deiner Berufung folgst. Es wird bedeutsamer.

Es ist ein schönes Werbebild, aber in der Realität eine Illusion, dass wir nur unsere Berufung finden müssen, und schon wird alles leicht und fluffig für uns. Natürlich ist es enorm erhebend, motivierend und kräftigend, wenn wir unseren *Berufungs-Raum* klar sehen und betreten können, doch die eigene Wahrheit zu leben, zu verkörpern und in der Welt sichtbar zu machen, macht das Leben nicht leichter, sondern bedeutender. Es bekommt Substanz durch den Sinn und Wertschätzung durch deine Werte. Aber im *Berufungs-Raum* zu leben, ist oft kein Spaziergang. Denn wenn du dich deiner wahren Größe stellst und siehst, welche Aufgaben und Herausforderungen auf dich warten, dann kann dich das im ersten Moment einschüchtern. Sofort wirst du mit deinem Selbstwert konfrontiert, ob du denn nun wirklich mutig genug bist und die Ver-Antwort-ung übernehmen willst, die auf diesen Aufruf folgt. Doch vertraue darauf, dass du in alles hineinwachsen kannst. Denn dein ***Berufungs-Raum*** **ist der Raum**

deiner maximal möglichen menschlichen Entwicklung – und damit der Raum deiner maximal möglichen Heilung.
Sei dir sicher, dass sich zum richtigen Zeitpunkt (und der mag oft viel später oder früher kommen, als du willst) immer genau die Türen zeigen werden, die dir eine neue Chance bieten. Wenn du dabei deine wahren Absichten klar von deinen Nebenabsichten unterscheiden kannst und mehr deiner Intuition und Inspiration folgst als den ängstlichen oder aggressiven Vorschlägen deines Instinkts, wirst du wissen, wohin du gehen, was du als Nächstes tun, was du sagen sollst und zu wem. Du wirst nicht jahrelang fremdbestimmten Zielen folgen, Illusionen hinterherjagen und vor verschlossenen Türen warten, die gar nicht zu deinem höheren Weg gehören. Sondern du wirst die Möglichkeiten annehmen, die sich dir gerade jetzt bieten, auch wenn sie vielleicht ganz anders aussehen, als du einst gedacht hättest. Denn du gehst deinen Weg aus deiner Wahrheit heraus – und wirst damit zu einem immer wirkungsvolleren Menschen, der etwas bewirken kann. Selbst wenn der Pfad dorthin dich immer wieder durch ein schmales Nadelöhr führt.

Vervollständige dein Klarheits-Cluster #5

Fasse deine neuen Erkenntnisse aus dieser Regel in deinem Klarheits-Cluster #5 zusammen. Gehe den nächsten Schritt und passiere dein Nadelöhr!

Klarheits-Cluster #5:
Ich bin der Bogen und der Pfeil

Nebenabsichten, die mich derzeit noch ablenken	Werte, die mir wichtig sind	Tätigkeiten, in denen ich mich zu Hause fühle	Schmerzen in der Welt, die mich sehr beschäftigen	Mein *Berufungs-Raum* umfasst

Selbst*beherrschung*

REGEL #6:

Passiere dein Nadelöhr

 # Niemand ist so groß, dass er sich nicht strecken, und niemand so klein, dass er sich nicht beugen müsste.

Sprichwort

Dein *Berufungs-Raum* ist dein Raum der Lebendigkeit, Heimat und Heilung, wie es keinen zweiten für dich gibt. Und das Leben will, dass du ihn ausfüllst. Es zieht dich in Richtung Wahrheit, in Richtung Erweiterung und Klarheit – und je bewusster wir werden, desto offener können wir dieser Spur folgen. Bis wir uns plötzlich wieder an einem Übergang finden, an einer Schwelle, an einem **Nadelöhr als Wendepunkt, der uns von einer Reifungsstufe auf die nächste steigen lässt.** Dort angekommen, sind wir gefordert, beides zugleich zu tun: über unser altes Ich hinauszuwachsen – und uns dem Unbekannten zu beugen. Deshalb gibt es niemanden, der sich an den großen Weichen des Lebens nicht strecken oder beugen müsste, wie das Sprichwort so schön sagt. Oft heißt das, dass wir aktiv werden, Hürden nehmen und über unseren Schatten springen müssen. Viel öfter jedoch, dass wir anhalten und innehalten sollten. Um unsere Ausrichtung zu klären, unsere Energie zu bündeln und uns von innen heraus neu zu organisieren. Das ist etwas sehr Stilles, höchst Persönliches. Und egal, wo du gerade auf deinem Lebensweg stehst, wie weit du schon gekommen bist oder wohin du noch gehen möchtest: Alle Worte dieser Welt, alle Anregungen und Tipps von außen können dich immer nur bis zur nächsten Tür, zur nächsten Schwelle bringen, doch durchschreiten musst du sie selbst. *Du* allein kannst dein Nadelöhr passieren. Niemand anderes kann das für dich tun.

Doch es wird dir gelingen, wenn deine Klarheit so präsent ist und deine Absichten so eindeutig sind, dass du nicht mehr am Alten oder an Illusionen festhalten willst, sondern bereit bist für das Neue – und die Wende, die dich dorthin bringt.
Wie das Bild des Nadelöhrs schon sagt, können wir diese Pforte nicht mit Pauken und Trompeten, Getöse und Jagdgeheul und vielen Begleitern durchschreiten. Im Gegenteil: Wir müssen mit uns selbst eins werden, uns sammeln, ruhig und konzentriert sein, falsche Lasten und überflüssiges Beiwerk ablegen, um durch dieses Nadelöhr zu passen. Denn: **Unser Nadelöhr zu durchschreiten, bedeutet maximales Wachsam-Sein, maximales Loslassen und maximales Frei-Werden.** Und es ist *immer* ein Punkt, hinter dem es kein Zurück mehr gibt. Das ist seine Natur.

 # Am Nadelöhr entscheiden wir, ob wir in den alten Räumen verharren oder mit dem Leben in Richtung Zukunft fließen.

Viele Menschen bleiben ihr Leben lang in einem Vorraum stehen. Sie wagen es nicht, durch das Nadelöhr zu gehen, oder lehnen es ab, sich zu strecken oder zu beugen. Doch wenn uns etwas gelingen soll, müssen wir es konsequent umsetzen. Wir dürfen uns nicht zurückhalten lassen, von alter Bequemlichkeit, von der Angst, etwas Gewohntes aufgeben zu müssen, von der Sorge, dass wir den (neuen) Aufgaben nicht gewachsen sein könnten, oder dem Gedanken, vielleicht (wieder) enttäuscht zu werden.
Gerade die Enttäuschung ist ebenso unterschätzt wie lähmend. Jeder von uns trägt sein eigenes Enttäuschungs-Bündel in sich, in das er all das ablegt, was ihn je entmutigt hat. Dieses Bündel liegt schwer in uns und entkräftet die innere Stimme, die uns mit neuen Ideen ins nächste Lebenslevel schicken will. Das enttäuschte, bittere »Ja, aber …« macht uns matt und müde, wo wir eigentlich voll Vorfreude sein sollten. Träge, wo wir eigentlich vor Lebendigkeit sprühen möchten. Wir treten auf der Stelle, zweifeln, obwohl

wir doch so genau spüren oder wissen, wo und wie es weitergehen soll. Doch wir warten auf einen Impuls von außen, auf jemanden, der uns »mitzieht«, und bemerken: **Je öfter wir uns von alter Enttäuschung einnehmen lassen, desto fremdbestimmter wird unser Leben.** Je mutloser wir werden, desto ausgelieferter fühlen wir uns.

Es ist schwer, sich selbst und der Welt hoffnungsvoll und tatkräftig gegenüberzutreten, wenn wir frustriert auf dem Sofa liegen und durch die sozialen Medien scrollen. Es ist noch schwerer, sich wahrhaft zu verändern, wenn wir das Ungewisse fürchten. Und es ist unmöglich, das Nadelöhr zu passieren, wenn wir uns von unseren eigenen Gedanken und Gefühlen im Vorraum festhalten lassen.

 # Selbstbestimmt kann nur der leben, der sich selbst beherrscht.

Wie du schon in den vorhergegangenen Regeln erfahren hast, sind Selbstbestimmtheit und Selbstsicherheit etwas, das dich nicht nur im Moment stärkt, sondern etwas, das dich mit dir, deiner Geschichte, deinen Umständen und deinen Erfahrungen versöhnt, damit du ganz sein kannst. Ganz bei dir zu sein, gibt dir die Macht und Kraft, auch in schwierigen Situationen nicht auszuweichen. Denn du weißt, dass du **immer die Wahl zwischen Machtlosigkeit und Mut hast, zwischen Verbitterung und Vergebung, zwischen Selbstvorwürfen und Selbstliebe.** Denn du kannst deine Emotionen verstehen und für dich nutzen und bleibst damit handlungsfähig. Du musst nicht erstarren oder dich von dir selbst abspalten, sondern bestimmst die Qualität und die Konsequenzen, die deine Erfahrungen haben, maßgeblich selbst. Du kannst dich selbst führen, du kannst dich »beherrschen«. Und spürst so in deinem eigenen Leben ganz genau, was unsere These in Regel #6 besagt:

 # Je bewusster du die Welt in dir gestalten kannst, desto mehr Einfluss hast du auf die Welt, die dich umgibt.

Fremdbestimmt zu sein, heißt, seine Macht abzugeben. Ausgeliefert zu sein, bedeutet, keinen Willen mehr zu haben. In dem Moment, in dem wir glauben, dass wir keinen Einfluss auf unsere innere Haltung haben, verlieren wir auch den Einfluss auf unsere Erfahrungen. Wir werden tatsächlich mitgerissen und vergessen, dass Freiheit kein äußerer Umstand ist, sondern die Fähigkeit zu wählen. Welche menschlichen oder materiellen Möglichkeiten du auch hast oder nicht hast, frei, selbstbestimmt und schöpferisch kannst du damit nur umgehen, wenn du nicht deinen eigenen einschränkenden Gedanken und schwächenden Gefühlen erliegst. **Und das Spannendste ist, dass genau diese Freiheit, diese Beweglichkeit und Lebendigkeit *unbedingt* eine Struktur und eine Führung brauchen: nämlich deine.**

Deine Freiheit braucht deine innere Ordnung. Dein Wachstum braucht deine Tiefe. Deine Klarheit braucht deine bewusste Auseinandersetzung mit deinem Chaos. Deine Selbstverwirklichung braucht deine Selbstbeherrschung. Sie ist der Schlüssel, der dein Nadelöhr öffnet und dir so vieles zugleich gibt:

- Mehr Ruhe für einen wacheren Geist.
- Eine offenere Wahrnehmung für neue Möglichkeiten.
- Zugang zu deinen 3 inneren Stimmen.
- Innere Führung und Weisheit.
- Neues Vertrauen in dich selbst und das Unbekannte, das auf dich wartet.

Du findest und kultivierst all das mit neuen Ritualen und lebendigen Strukturen in deinem Leben: und zwar mithilfe deiner neuen *Klarheits-Praxis.* Was das ist?

 # Deine *Klarheits-Praxis* ist eine Kombination aus Routinen und Strukturen, die deinem Herzen Freiheit und deinem Leben sicheren Halt geben können.

Genau deshalb ist es wichtig und wertvoll, deine Routinen und Rituale, deine Gedanken und Gefühle zu reflektieren und dahin gehend zu überprüfen, ob sie deine Wahrheit und deinen Weg (noch) unterstützen. Ob sie dich zu deinen neuen Zielen führen können und ob sie dir persönlich, privat und beruflich Kraft geben.
Je öfter du schon versucht hast, etwas Neues zu lernen und neue Gewohnheiten zu etablieren, umso mehr kannst du bestätigen, dass das meiste davon Übung braucht. Und Übung braucht Wiederholung, Wiederholung braucht Konsequenz, und Konsequenz braucht deine Selbstbeherrschung. Sie ist neben (Selbst-)Mitgefühl, Geduld und Vertrauen die Grundlage deiner *Klarheits-Praxis,* die du nun für dich entwickeln darfst. Sie baut auf drei Erfolgsfaktoren auf.

Deine Klarheits-Praxis baut auf:
1. deine Überzeugung,
2. deine Regelmäßigkeit und
3. deine Individualität.

Um deine *Klarheits-Praxis* zu finden, geht es im ersten Schritt nicht darum, schon wieder weiß Gott was alles in dein Leben zu integrieren und die vollen Tage noch mehr zu füllen, sondern – wie es das kleine Nadelöhr vorschreibt – zuerst ums Freimachen. Zur *Klarheits-Praxis* gehören nämlich vor allem das Nicht-Tun und das Nicht-Müssen. Das Lebendig-Sein und Frei-Werden von toten Ritualen und leeren Bindungen.

 # Überall, wo du dich von toten Ritualen trennst, weitet sich dein Raum der Lebendigkeit.

Wie du aus Regel #2 weißt, entstehen viele unserer toten Rituale aus mangelnder Selbstwahrnehmung. Wenn wir uns selbst nicht nahe genug sind und zu wenig auf unsere wahren Bedürfnisse eingehen, wenn wir vor etwas Unangenehmem oder Überfälligem fliehen möchten, wenn uns das Vertrauen fehlt oder wir einfach zu bequem sind, um aktiv zu werden, dann häufen sich immer mehr Gewohnheiten in unserem Alltag an, die uns keine wahre Freude bringen und unsere Vitalität eindämmen.

 # Tote Rituale lähmen deine Lebenskraft.

… und haben verschiedenste Gesichter. Hier ein paar Beispiele, die du in deinem eigenen Alltag überprüfen kannst:

- **Sich täglich der digitalen Welle hingeben:** gleich nach dem Aufwachen das Smartphone entsperren, E-Mails, Nachrichten und Social Media checken und damit den Start in den Tag von Informationen und Bildern anderer überschatten lassen. Während des Tages in jeder freien Minute online gehen, sich in jeder Ruhe oder Langeweile ablenken und sich tagein, tagaus von Bildschirm zu Bildschirm bewegen. Bis du abends im Bett als letztes Ritual noch mal alle Social-Media-Kanäle und Newsfeeds durchscrollst und wieder viel später und unruhiger und unzufriedener einschläfst, als dir guttut. Und schon bist du von der digitalen Welle mitgeschwemmt worden – ganz ohne dir Zeit für dich genommen und dich um deinen Bogen und deinen Pfeil gekümmert zu haben.
- **Den medialen Overload zulassen:** Im Schnitt entsperren wir über 80 Mal am Tag unser Smartphone und verbringen mehr als 37 Stunden die Woche mit unserem privaten Medienkonsum. Das bringt zwangsläufig ein Zuviel an Social Media,

Online-Games, Online-Shopping, Chats, Videostreaming, Fernsehen und damit ein Zuviel an Fremdinformation, Fremdenergie und Fremdbestimmung in unser wertvolles Leben.[xiii]

- **Leere Kommunikation leben:** zu viele, sehr oft auch unnötige Chats und Telefonate, die das Gefühl von Sinnlosigkeit und Einsamkeit nur weiter verstärken.
- **Sich mit Kompensation anlügen:** einkaufen, Essen, Trinken oder (illegale) Substanzen konsumieren, um Langeweile oder negative Emotionen zu vertreiben.
- **Vermeidungshandlungen vorschieben,** um der Verantwortung auszuweichen und dem, was gerade wirklich wichtig ist.
- **Produktiv, aber nicht konstruktiv sein** und im Beruf Dienst nach Vorschrift machen, sich aber nicht wirklich auf die gestellten Aufgaben einlassen. Dabei entsteht schleichend das Gefühl von Wertlosigkeit, weil wir unserem eigenen Arbeiten keinen Wert beimessen.
- **Sich im Dauervergleich mit anderen Menschen innerlich niederreißen lassen,** den eigenen Selbstwert schwächen und die wahren Absichten und Werte aus den Augen verlieren.
- **In der Vergangenheit oder Zukunft gefangen sein,** in Gedanken oder Erzählungen immer zu alten oder noch völlig ungewissen Themen abschweifen und damit kostbare Energie verlieren.
- **Lebendigkeit unterdrücken,** indem du dir Freude verwehrst, dir das Besondere nicht wert bist, dich zurückziehst und immer eifersüchtiger, misstrauischer und gehemmter wirst.
- Und alles, was dir dazu in deinem Leben und im Leben anderer auffällt.

All diese toten Rituale verhindern, verlangsamen oder verzerren unser Wachstum – und in ihrer Wiederholung liegt die große Wirkung. Investieren wir in Schwächendes, können wir keine Stärke ernten. Wir können uns nicht entfalten, denn tote Rituale binden unsere Energie. Sie sind Ballast und Gepäck, mit dem wir es nicht durch unser inneres Nadelöhr schaffen können. **Doch**

wenn es uns gelingt, im Unbewussten bewusst zu werden und das Unklare klar zu sehen, dann gelangen wir zum Übergang auf die nächsthöhere Ebene.
Lass uns also genauer hinschauen.

Wo lebe ich tote Rituale?

Gehe in Gedanken deinen Tagesablauf durch und frage dich in neuer Ehrlichkeit:

- Wo lebe ich tote Rituale?
- Welche Gewohnheiten geben mir nichts (mehr)?
- In welchen Tätigkeiten und Routinen halten mich nur noch meine Trägheit, meine Bequemlichkeit oder mein fehlender Mut fest?

Mache dir dazu ein paar Notizen:

____

____

____

____

____

Je mehr dieser toten Rituale du aufspüren und hinter dir lassen kannst, desto freier und zufriedener kannst du dich fühlen. Denn Frustration und Unausgeglichenheit haben ihren Ursprung oft in toten Ritualen. Löst du dich von ihnen, werden mehr Zeit und Kraft für das frei, was dich aufbaut, erfreut und inspiriert: für lebendige Strukturen, die dir Auftrieb geben und deinen Mut fördern.

 # Lebendige Strukturen lassen dich wachsen.

Es ist völlig klar: Wir brauchen Rituale nicht nur, um uns sicher zu fühlen und unseren Werten Ausdruck zu geben, sondern auch um als Persönlichkeit weiterzukommen. Alles, was wir lernen und beherrschen wollen, braucht Übung. Alles, was wir vertiefen wollen, braucht Praxis. Alles, was wir uns erarbeiten möchten, braucht Disziplin. Umso wichtiger ist es, dass deine Rituale Praktiken sind, die dich nähren, denn: **In der stetigen Wiederholung liegt eine Kraft, die *immer* wirkt, und du entscheidest, in welche Richtung.**

Wie könnten deine lebendigen Rituale aussehen? Hier ein paar Beispiele, die du annehmen oder verwerfen, kürzen oder erweitern kannst:

- **Gut aufwachen:** etwas früher aufstehen als nötig, um die Morgenhektik zu vermeiden und etwas ungestörten Raum für dich selbst zu gewinnen. Vielleicht kannst du auch ganz ohne Wecker wach werden, wenn es dein Biorhythmus zulässt, oder mit einem sehr sanften Weckton in den Tag starten.
- **Die Zwei-Stunden-Regel einhalten:** Ich halte mich an meine simple Zwei-Stunden-Regel. Das heißt, ich nutze zwei Stunden nach dem Aufwachen und zwei Stunden vor dem Schlafengehen keine Medien und meide mein Smartphone, um zum Start und Ende des Tages besser bei mir, in meiner inneren Anbindung und Klarheit bleiben zu können. Was es morgens leichter macht, ist:
- **Das Smartphone im Flugmodus belassen,** bis du fertig gefrühstückt hast oder aus dem Haus gehst. Stattdessen suche dir
- **Morgen- und Abendrituale,** die dich aufbauen: ganz Einfaches, wie in Ruhe ein Glas Wasser oder einen Tee zu trinken, bevor du in den Tag startest oder ihn als beendet erklärst; eine kurze Dankbarkeitspraxis einzuführen, bei der du fünf Dinge auflistest, für die du gerade dankbar sein kannst; Morgen- oder Abendmeditationen, die dir helfen, dich zu entspannen

und auszurichten; nach dem Frühstück (oder Abendessen) kurz die drei wichtigsten To-dos des bevorstehenden Tages zu notieren; Bewegung zu Hause oder eine kleine Runde an die frische Luft zu gehen, wenn das möglich ist; oder mein absolut geliebtes tägliches Kreativ-Instrument: drei von Hand geschriebene Morgenseiten zu schreiben und dich von all dem zu befreien und all das zu entwirren, was das chaotische Leben mit sich gebracht hat.

- **Weniger, aber dafür sehr gute Kontakte bewusst pflegen** und für die Qualität deiner Freundschaften öfter einen Gang höherschalten: telefonieren statt tippen – und treffen statt telefonieren.
- **Lebendigkeit ausdrücken**, indem du dich bewegst, Sport treibst, tanzen gehst, ein Instrument spielst, singst, schreibst, (wieder mal) spielst, dich ganz auf dein Gegenüber einlässt, gute, ehrliche Gespräche führst, spannenden Inhalten folgst, dir eine neue Herausforderung suchst, Gleichgesinnte ausfindig machst, etwas ins Leben rufst, andere unterstützt, die eine in deinen Augen wertvolle Sache verfolgen, den Moment bewusst und als vergänglich und unwiederbringlich und damit kostbar wahrnimmst.
- **Konstruktiv arbeiten,** statt nur scheinbar produktiv zu sein, und dir bewusst Zeit und Raum für deine Herzensprojekte (ich reserviere dazu eine Stunde an jedem Arbeitstag) nehmen. Fehlt dir dies, dann überprüfe und reduziere deine Bildschirmzeit am Smartphone. Es ist sehr wahrscheinlich, dass dort Energie und Freiraum zu holen sind.
- **Einstimmen in deine höheren Emotionen** durch Meditationen oder Affirmationen, um Körper und Geist gemeinsam in deine gewünschte Zukunft zu führen. Wie das gelingt, werden wir gleich besprechen.
- **Techniken finden, die dich im Hier und Jetzt** präsent sein lassen und dir helfen, die Gunst des Augenblicks schöpferisch zu nutzen.

- Und all das, was dir deine Inspiration als lebendige Rituale für dein Leben vorschlägt.

Lebendige Rituale, egal wie klein oder groß sie sind, schenken Freude und bauen auf Freude auf.
Wenn jemand zu dir sagt »Wenn du deinen Weg suchst, dann folge der Freude!«, dann hat er recht. Doch was dabei wichtig ist, ist die Klarheit darüber, dass Freude nicht immer etwas Strahlendes und Euphorisches sein muss. Der Freude zu folgen, bedeutet nicht, dass du nur noch das tun sollst, was hellste Begeisterung und Spaß bringt. Dieser Irrglaube bringt dich nicht weiter, sondern setzt dich nur unter Druck. Wenn du immer Begeisterung und Euphorie suchst, musst du dich auch immer weiter pushen, immer noch intensivere Erlebnisse erzeugen, damit du etwas als »Freude« empfinden kannst. Dabei wirst du viel erleben, aber den nachhaltigen Zustand der Freude wohl nicht finden. Denn es ist ganz einfach:

 # Echte Freude ist leise, tief und satt.

Sie füllt dich von innen heraus und bringt nicht nur Dankbarkeit, sondern auch Demut. Sie lässt nicht nur Funken sprühen, sondern nährt vielmehr dein inneres Feuer. Sie ist nichts, das dich überwältigt, sondern etwas, das dich stetig begleitet, das natürlich ist – gerade, wenn du in deinem *Berufungs-Raum* lebst.

Diese natürliche Freude ist etwas, das wir überall finden können, vor allem auch an den Orten, an denen wir sie vielleicht einmal verloren haben.

Verlorene Freuden

Entdecke, wo Freude für dich verborgen liegt, indem du die folgenden Sätze vervollständigst:

- Als Kind habe ich viel zu selten ...
- Mir fehlte es als Kind ...
- Ich hätte damals so gerne ...
- Als Kind habe ich davon geträumt, später einmal ...
- Ich wollte als Kind unbedingt ...
- In unserem Zuhause hatte ich immer viel zu wenig ...
- Was mir immer schon so gutgetan hat, ist ...
- Ich war fasziniert, als ich ...
- Etwas, das ich bei anderen immer beneide, ist ...
- Ich wünschte, ich könnte ...
- Ich bin so dankbar, dass ...
- Es freut mich jedes Mal, wenn ...
- Ich interessiere mich sehr für ...
- Ich weiß, ich könnte jeden Tag ...

In dir wartet das Leben

Gehe nun einen Schritt weiter und notiere dir ganz spontan die kleinen oder großen lebendigen Rituale, die dir Freude schenken und die du in deinen Alltag einbauen möchtest.

Lebendige Rituale, die ich in meine tägliche *Klarheits-Praxis* einbauen möchte und die meinen neuen Alltag bereichern können:

- ______________________________
- ______________________________
- ______________________________
- ______________________________
- ______________________________

Sieh dir deine möglichen neuen Rituale an und mache sie noch passgenauer für dich:

1. **Überzeugung:** Passt dieses neue Ritual zu meinen Überzeugungen? Wenn ja, wie oder warum genau? Dies liefert dir den Grund, dieses Ritual wichtig und ernst zu nehmen. Notiere dir, wenn du magst, welchen Überzeugungen und Werten du durch dieses Ritual Raum in deinem Leben geben willst.
2. **Regelmäßigkeit:** Kann ich dieses neue Ritual regelmäßig ausüben? Wenn ja, wann? Dies hilft dir, dich für unterschiedlich aufwendige Rituale zu entscheiden und sie aktiv in deinem Tages-, Wochen-, Monats- oder Jahresplan festzulegen. Nimm dazu wirklich deinen Kalender zur Hand und reserviere dir Zeit für die Bewegung, die kreativen Tätigkeiten, die Treffen, die Ausflüge, die Lerneinheiten etc., die du in dein Leben holen möchtest.
3. **Individualität:** Ist dieses Ritual so ideal auf mich persönlich zugeschnitten? Kann und möchte ich es noch individueller machen? Diese Frage dient dazu, dass du offen dafür bleibst, Tipps und Anregungen von außen noch mehr auf dich selbst abzustimmen. Damit deine Rituale deine Kreativität und Persönlichkeit noch mehr unterstützen.

 # Es geht nicht ums Tun. Es geht ums Sein.

Lebendige Rituale haben etwas Magisches an sich. Zu Beginn sind sie etwas, das wir aktiv umsetzen, etwas, das wir *tun.* Doch es kommt der Moment, in dem sich dieser Effekt umdreht und die Rituale etwas *mit uns* tun. Sie verwandeln uns von Mal zu Mal ein bisschen mehr, und **mit der Zeit ist das Ritual nicht mehr nur ein sinnvolles Instrument für uns, sondern wir werden durch das Ritual zu einem Instrument für den höheren Sinn *darin.***
Wenn wir beispielsweise regelmäßig Sport machen, bewegen wir uns erst, um schließlich die Kraft zu haben, etwas in der Welt zu bewegen. Wenn wir regelmäßig meditieren, werden wir erst ruhiger und wachsamer, um schließlich als Ruhepol und Stütze in der stürmischen Welt zu stehen. Wenn wir uns regelmäßig bemühen, etwas Neues zu lernen, werden wir zuerst fähiger und reifer, um schließlich mit neuen Aufgaben betraut zu werden. Wenn wir uns regelmäßig darin üben, eine aufmerksamere Zuhörerin oder ein liebevollerer Partner zu sein, werden wir zuerst aufgeschlossener und nahbarer, um schließlich mehr und mehr wertvolle und wertschätzende Menschen um uns zu sammeln.
Wenn wir lebendige Rituale zu unseren Gewohnheiten gemacht haben, geht es plötzlich nicht mehr ums Tun, sondern ums Sein. **Unsere Selbstbeherrschung, unsere *Klarheits-Praxis,* hat uns durch ein Nadelöhr geführt – und wir sind neu geworden.** Höher hinausgekommen auf unserer Lebensspirale. Und wir spüren, dass das Leben damit eine andere Qualität, eine andere Ausdehnung, eine andere »Schwingung« bekommen hat. Wir gehen mit neuen Menschen und Möglichkeiten in Resonanz – und erleben:

 # Das Wesentliche erreichen wir nicht durchs Erwarten, Erzwingen und Erkämpfen, sondern durchs Einfühlen, Einstimmen und Eins-Werden.

Je öfter wir über uns hinausgewachsen und durch ein weiteres Nadelöhr gekommen sind, desto klarer wird uns, dass das einst antrainierte Kämpfen oder Unbedingt-genau-so-haben-Wollen meist ein verlorener und irreführender Energieaufwand war, den wir uns sozusagen hätten sparen können. Wenn wir die Erfahrung gemacht haben, wie stark wir werden, wenn wir unsere Aufmerksamkeit bündeln, unsere Haltung und unsere Absichten klären und unsere Gedanken und Gefühle mit gesunder Distanz für uns nutzen, **dann wissen wir, dass wir unseren Schicksalszwang überwinden können.** Es ist revolutionär und so erhebend zu erleben, dass wir nicht immer wieder und immer wieder in die gleichen Fallen tappen müssen. Dass wir die Lernaufgabe einer Situation viel schneller erkennen können, bereit sind, sie anzunehmen und mit unserer *Klarheits-Praxis* zu lösen. Dadurch greifen wir immer öfter bereits auf der allerersten Ebene des Bewusstseins in unseren Kreations- und Manifestationsprozess (Regel #4) ein – und lassen allmählich nur noch das bis zur Ebene der gedanklichen und emotionalen Verstärkung vordringen, was wir auch wirklich manifestieren wollen. Wie gesagt: **Wir werden bewusst im Unbewussten** – und können so unsere innere Aufwärtsbewegung aktiv unterstützen und fördern.

Werfen wir dazu noch einmal einen Blick auf die *5 aufsteigenden* und *5 absteigenden Gefühlsfelder:*

5 aufsteigende Gefühlsfelder
in Richtung absoluter Allverbundenheit

+ 5: Inspiration
+ 4: Mitgefühl
+ 3: Freude
+ 2: Tatkraft
+ 1: Stabilität

- 1: Sorge
- 2: Schuld
- 3: Aggression
- 4: Ohnmacht
- 5: Depression

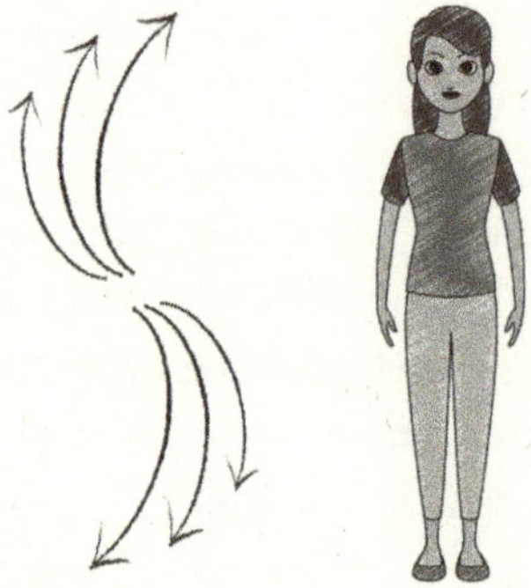

5 absteigende Gefühlsfelder
in Richtung totaler Trennung

Spüre einmal klar: Glaubst du, dass du in den *5 absteigenden Gefühlsfeldern durch* dein Nadelöhr gehen kannst? Wärst du dafür frei und fokussiert, mutig und gegenwärtig genug? Die *absteigenden Gefühlsfelder* sind Felder, die uns im Alten oder im Angstvollen gefangen halten und in denen wir meist aus Leid noch mehr Leid entstehen lassen. Freiheit und Erfüllung finden wir hier nicht. Wenn wir jedoch das Enttäuschungsbündel, das uns zurückhält, auflösen können und es schaffen, wieder zu neuem Vertrauen ins Leben, die Welt und die Zukunft zu finden, dann durchschreiten wir das Nadelöhr. Dann gelingt uns der Sprung. Wir wechseln die Richtung – und sind fähig, in den aufsteigenden Emotionsebenen etwas Neues zu kreieren: aus Zuversicht und Hoffnung, mit Optimismus und positiven Erwartungen. Mit dem Glauben an uns selbst, unsere Tatkraft, unsere Fähigkeiten und Talente und vielleicht sogar an eine höhere Kraft, die uns Aufwind gibt. Wir leben mit Freude und Begeisterung für etwas, das uns wertvoll ist, und folgen einer Leidenschaft, die sich aus unserem inneren Feuer nährt. Wir verkörpern Stärke und Wertschätzung und erleben Liebe und die wundervolle Qualität des Mitgefühls.

Verinnerliche noch einmal diese Ebenen:

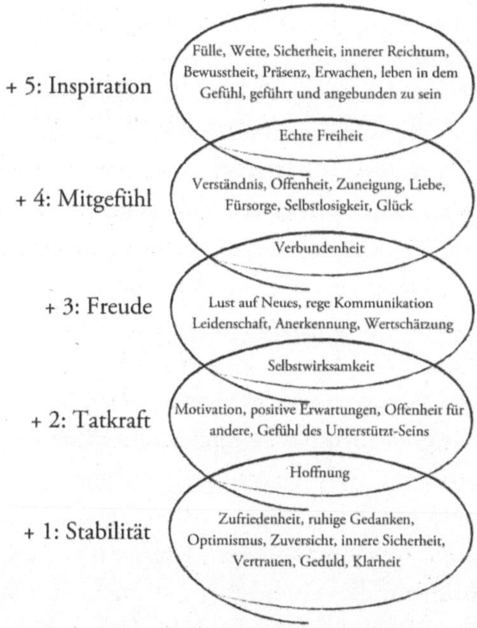

Klingt das nicht fantastisch? Ich finde, ja. Ganz besonders auf der fünften Stufe der *aufsteigenden Gefühlsfelder* bekommt unser Leben eine gigantische Schwungrichtung: Im Feld der Inspiration fühlen wir uns angebunden an etwas, das größer und umfassender ist als wir. Ein Feld der Ideen und der Fülle, das immer präsent und verfügbar ist. Aus dem wir für uns selbst und zugleich ganz selbstlos schöpfen dürfen und die Impulse, Ideen und inneren Talente und Aufgaben entsprechend umsetzen können.
Diese Emotionen sind derart energiegeladen, dass sie uns eine Durchsetzung, Ausdauer und Belastbarkeit schenken, die wir ohne sie nie erreichen würden. Finden wir zu ihnen (zurück) und arbeiten, leben und entwickeln uns in unserem *Berufungs-Raum* aus diesen Gefühlen heraus, dann haben wir uns mit einer Kraft verbunden, die alle Vorhaben verwirklichen kann. Sie lässt uns auch in Zeiten von Krisen, Krankheiten oder Katastrophen weit über unsere alltäglichen Möglichkeiten hinaussehen und Dinge

bewegen, die uns sonst unmöglich scheinen. Doch für die Kraft der Klarheit ist nichts unmöglich.

Diese hohen und höchsten Emotionen sind *Gefühlsfelder*, auf die wir aufbauen können. Wenn wir gelernt und geübt haben, sie in uns abzurufen und entstehen zu lassen, dann sind sie wie ein sicherer Teppich, den wir innerlich in jeder unsicheren Situation auslegen können. Sie stabilisieren unsere Haltung, stärken uns in unserem *Berufungs-Raum* und machen uns aktiver, gestalterischer und zuversichtlicher. Doch je länger wir in Unklarheit und unter der *Macht des Leidens* gelebt haben, desto mehr haben unser Körper und unser Geist vergessen, wie sich wahre Freude, mutige Begeisterung, Einheit oder kreative Schöpferkraft anfühlen, wie sie wirken und wie erhaben und weitsichtig sie uns durchs Leben führen können. Daher gehört es auf unserem Weg der Klarheit zu unseren wichtigsten Aufgaben, unserem Körper und unserem Geist wieder beizubringen, diese höheren Emotionen zu fühlen, sie in uns aufleben zu lassen und sie zu nutzen. Denn erst wenn wir die *aufsteigenden Gefühlsfelder* zu unserem neuen inneren Zuhause gemacht haben, können wir mit diesen Gefühlen auch wieder eins werden.

So, wie wir früher vielleicht einmal mit Angst und Sorge, Trauer und Wut identifiziert waren, so werden wir nun zu Zuversicht und Stärke, Freude und Liebe. Ja, vielleicht sogar zu Mitgefühl, Güte und Selbstlosigkeit – und in unserem Denken und Tun zu einem lebendigen Ausdruck großartiger menschlicher Schöpferkraft. Das ist ein sehr hohes Ziel, ich weiß. Aber ich glaube, es ist wichtig, dass wir uns an dieses hohe Ziel immer wieder erinnern.

 # Suche nicht nach Good-Vibes-only, sondern sei dein High Spirit.

Um diese höheren Emotionsebenen zu deiner neuen inneren Grundschwingung zu machen, in dem du stabiler, sicherer und stärker agieren kannst, brauchst du drei Dinge:

- **Das neue Einfühlen**
  Wie du in Regel #4 gelernt hast, kannst du negative Gefühle nicht durch Verdrängen heilen, sondern durch dein Hinschauen in neuer Ehrlichkeit. Aus dieser Warte kannst du dich in all deine Emotionen einfühlen, ihre Botschaften nutzen und den Erkenntnis-, Heilungs- und Wachstumsimpulsen nachgehen, die sie dir mitbringen.
- **Das neue Einstimmen**
  Wir wissen, dass wir durch die ständigen Stressimpulse und das lange Verweilen in negativen Emotionen biochemisch abhängig von diesem Stresscocktail geworden sind. Wir sind in gewisser Weise süchtig nach Negativität, Angst und Sorgen. Daher müssen wir diese Emotionen auch wie eine Sucht überwinden, indem wir uns entwöhnen und neue Gewohnheiten aufbauen. Immer wenn du länger als nötig in den absteigenden Gefühlsebenen bist, dann stoppe dich, beobachte, wo du auf der Skala stehst, und kultiviere wieder höhere Emotionen. Deine *Klarheits-Praxis* mit Bewegung, Affirmationen, Meditationen, Ruhe, Achtsamkeit, neuer Ehrlichkeit und Ähnlichem hilft dir dabei, Freude und andere aufsteigende Emotionen zu trainieren. Dich damit im wahrsten Sinne des Wortes innerlich »umzustimmen« und auf eine neue, höhere Bahn zu bringen.
- **Das neue Eins-Werden**
  Lerne, so lange wie möglich und immer länger auf dieser höheren Stufe zu bleiben. Schule deinen Geist und deinen Körper darin, immer öfter und immer leichter in einen Zustand von Dankbarkeit, Hoffnung, Zuversicht, Vertrauen, Begeisterung oder Liebe zu finden. Das wird die Qualität deines Alltags, deiner Ziele und deiner Erlebnisse fundamental verändern.
- Ein guter Startpunkt, um mit den höheren Emotionen eins zu werden, ist immer die Dankbarkeit. Finde Dinge, für die du dankbar sein kannst, und bewege dich von der Ebene der Dankbarkeit nach oben.

- Ich persönlich stelle mir in Phasen, die besonders wichtig sind, drei Mal täglich einen Wecker am Smartphone, der mich daran erinnert, in höhere Emotionen einzutauchen, mein neues *Gefühlsfeld* auszubauen und mich darin zu festigen. Das sind fünf ganz konkrete, sehr kraftvolle, wenn auch im Außen noch unsichtbare, Schritte in die richtige Richtung.

 # Deine *Klarheits-Praxis* ist keine Kosmetik. Sie ist ein Kraftwerk.

Sie ist kein Ausblenden oder Davonlaufen vor etwas, kein falscher Good-Vibes-only-Druck, sondern etwas, das aus deiner urinnersten Tiefe heraus alles verändern und antreiben kann. Sie ist das bewusste Hineinwachsen in den High Spirit, sozusagen in unseren »höheren Geist«, zu dem wir Menschen fähig sind. Und der dich ganz anders denken, entscheiden, handeln und wirken lässt. Denn wenn du Klarheit verkörperst, dann verkörperst du dein schönstes Selbst.

Um dich beim Eins-Werden mit deinen höheren Emotionen zu begleiten, habe ich auch hier aufsteigende Affirmationen für dich vorbereitet. Nimm sie in die *Klarheits-Praxis* auf und schaffe damit ein neues *Gefühlsfeld* in dir und um dich herum, denn:

#Wenn du deine Emotionen veränderst, verändern sich deine Erlebnisse.

Nimm dir jeden Tag Zeit, um dir diese Kognitionen laut vorzulesen oder die Audiodatei anzuhören, die ich auf www.findeklarheit.de/buchdownloads für dich vorbereitet habe. Lass dabei die Worte nicht nur durch deinen Geist, sondern vor allem auch durch deinen ganzen Körper fließen. Stelle dir vor, wie dein Atem diese Aussagen bis tief hinein in deinen ganzen Körper, bis in jede Zelle bringt und du sie wirklich spürst. Höre diese Sätze also nicht nur, sondern atme sie – und erinnere deinen Körper daran, lehre ihn wieder, wie es sich anfühlt, sich so gut zu fühlen.

Aufsteigende Affirmationen #6:
Ich fühle mich …

Ich fühle mich ruhig und gelassen. Ich bin zufrieden. Ich bin neugierig. Ich bin bereit für die nächste Ebene meines Lebens. Ich lasse gerne los. Ich vertraue mir und vertraue der Zukunft. Ich gehe jeden Schritt bewusst, achtsam und voller Vorfreude auf das, was kommen wird. Ich glaube an das Gute und erwarte viel Schönes und Neues in meinem Leben. Ich spüre Begeisterung und bin motiviert durch das, was ich erleben, tun und sein darf. Das Feuer meiner Leidenschaft brennt von Tag zu Tag heller und kraftvoller, und ich spüre Freude in dem, was ist. Ich bin dankbar für den Weg der Erkenntnis. Ich liebe die Freiheit. Und ich schätze alles, was ich gelernt und erkannt habe. Ich bin stolz auf mich. Ich fühle mich tief mit mir selbst verbunden. Ich kenne meine Werte. Ich kenne meine wahren Ziele. Ich weiß, in welchen Tätigkeiten ich mich zu Hause fühle. Ich folge meiner Sehnsucht und erlaube dem Leben, mir alle Türen zu öffnen, die zu meinem Berufungs-Raum *führen. Ich kann, will und darf ihn ganz ausfüllen. Ich wachse mit jeder Herausforderung und kann dabei glücklich und erfüllt leben. Ich fühle mich vollständig. Ich fühle mich ganz. Ich fühle mich eins mit mir und der Welt.*

Diese Kognitionen können dich sehr stärken und aufrichten und deinen Mut und dein Vertrauen auf eine ganz neue Stufe heben. Mögen sie dir helfen, dein nächstes Nadelöhr zu durchschreiten, dich in den guten Gefühlen sicher zu erden und dich noch mehr in deiner eigenen Macht zu verwurzeln, denn:

 # Du kannst deiner Zukunft nur dann voll Kraft und Freude begegnen, wenn du dir selbst voll Kraft und Freude begegnest.

Um noch freier und wendiger zu werden, lade ich dich zu einem neuen Flow Writing ein.

Flow Writing #6:
Ich passiere mein Nadelöhr

Nimm Stift und Papier und beantworte ganz für dich oder mit der dazugehörigen Audiodatei auf www.findeklarheit.de/buchdownloads folgende Fragen:

- Welchen Gedanken und Gefühlen opfere ich (nach wie vor) zu viel meiner Lebensqualität und Stärke?

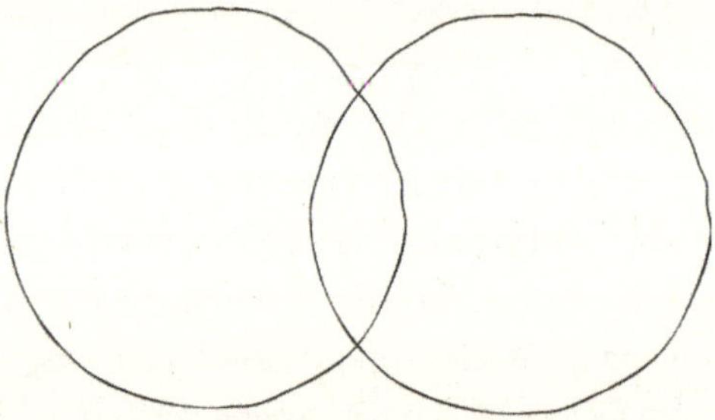

- Welche alten Enttäuschungen engen mich ein und trüben (nach wie vor) meinen Mut und mein Vertrauen?
- Mit welchen positiven, aufstrebenden Gefühlen und neuen Kognitionen möchte ich diese Enttäuschungen überwinden und neue Hoffnung schöpfen?
- Ich weiß, dass ich die Macht über meine Gedanken und Gefühle habe und üben kann, mich neu in ihnen zu ver-

wurzeln. Damit werde ich ein neues *Gefühlsfeld* für mich und mein Leben erschaffen. Dieses Feld ist erfüllt mit:

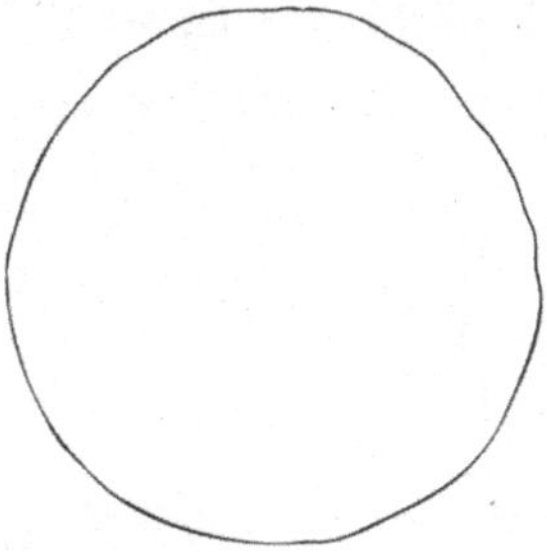

- Um mich positiv zu stimmen, konzentriere ich mich auf all das, was bereits gut ist. Das ist für mich derzeit:
- Ich freue mich darauf, mein Nadelöhr zu durchschreiten, denn dahinter erwartet mich …

 # Erkenne das Erfüllende.

Meine Wall-of-Joy

Besonders der Frage danach, was dich bereits freut, erfüllt und positiv stimmt, solltest du intensiv nachgehen. **Denn je dankbarer wir sind, desto mehr werden wir erhalten.** Je mehr wir uns in die Resonanz dessen begeben, was bereits gelingt, desto leichter kann alles andere werden. Besinne dich daher auf alles (bereits) Erfüllende in deinem Leben.
Wenn du möchtest, kannst du eine kleine Collage mit Bildern und Symbolen machen, die dir zeigt, was bereits gut oder gar bereits großartig in deinem Leben ist, was sich gerade positiv für dich entwickelt und wo du schon erste gute Erlebnisse ernten kannst.
Suche dir Fotos, Bilder oder Grafiken, die diese Punkte für

dich zum Ausdruck bringen, und mache die Collage zu deiner *Wall-of-Joy,* die du jederzeit erweitern oder auch an deine *Wall-of-Fame* aus Regel #2 anschließen kannst. Sie ist nicht nur eine tolle Anregung für mehr Zufriedenheit und Freude, sondern auch eine wunderbare Grundlage für dein neues *Gefühlsfeld.*

 # Wie oben, so unten. Wie unten, so oben.
Wie innen, so außen. Wie außen, so innen.
Wie im Großen, so im Kleinen.
Wie im Kleinen, so im Großen.

2. hermetisches Gesetz

Ich finde, dieses zweite hermetische Gesetz der Entsprechungen klingt so beruhigend. Es ist in sich so eindeutig und unbeirrbar, dass es hier auf unserem Weg der Klarheit nicht fehlen darf. Wie dieses Gesetz besagt, wird alles, was wir in uns klären, befreien und erneuern, sich auch irgendwann im Außen erkennbar machen. Schon allein dadurch, dass wir immer deutlicher erkennen, was und wer wir wirklich sind und welche Werte und Absichten, Rituale und Praktiken uns guttun, bekommt unser Alltag eine neue Qualität. Wir agieren bewusst im Unbewussten. Wir setzen andere Impulse und ernten andere Ergebnisse. Wir säen bewusst etwas aus, und unser *Lebensacker* wird fruchtbarer:

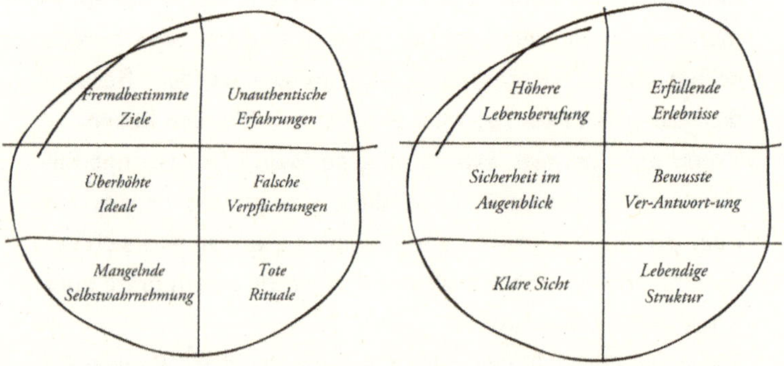

Unsere aktive Arbeit an unserer persönlichen Entwicklung wird – früher oder später – belohnt. Denn: Wie innen, so irgendwann auch außen. Unser *Lebensacker*, der oft brach lag und überschattet war, verwandelt sich:

- Die fremdbestimmten Ziele und unauthentischen Erfahrungen, die wir dadurch gemacht haben, werden mehr und mehr von den erfüllenden Erlebnissen abgelöst, die unser Leben uns im *Berufungs-Raum* schenkt.
- Der Druck und Stress, dem wir uns mit unseren überhöhten Idealen und falschen Verpflichtungen (selbst und gegenseitig) aussetzen, weicht einer beruhigenden Sicherheit im Augenblick.
- Wir kennen unser *Ganz-genau-Genug*, haben Illusionen losgelassen und dafür die wache Verantwortung für uns und unser Umfeld übernommen.
- Die mangelnde Selbstwahrnehmung, die uns zu toten Ritualen, Krankheit und Leid führen kann, wird durch unsere klare Sicht verändert, und wir wachsen durch unsere lebendigen Rituale immer weiter in das Leben hinein, das uns wirklich erfüllen kann.

 # Klarheit ist der Weg von Irritation zur Inspiration.

Unsere *Klarheits-Praxis* entwickelt unseren klaren Geist. Er lässt sich nicht irritieren und hält uns auf Spur. Er ist in seiner klaren Absicht, wie du in Regel #5 gesehen hast, *ungeteilt.* Doch das Leben, die Welt und die Menschen werden dich immer wieder mit Situationen konfrontieren, die unklar sind, die dich irritieren. Dann erinnere dich daran: **Irritation ist immer ein Aufruf zum Innehalten und wachsamen Beobachten.**

Sobald du gewillt bist, hinter die Irritation zu blicken und zurück zur Klarheit zu finden, öffnet sich in jeder Situation ein Nadelöhr, durch das du aufsteigen kannst. Und es öffnet sich immer hier im gegenwärtigen Moment. Er ist der Ort und die Zeit an dem und in der du neu wahrnehmen, neu entscheiden und neu reagieren kannst. Und je stabiler dein inneres *Gefühlsfeld* von Zuversicht, Offenheit und Vertrauen ist, desto leichter kannst du aus Lektionen lernen und wieder etwas weiser, etwas versöhnter und etwas verbundener weitergehen.

 # Eine der ureigensten Eigenschaften der Klarheit ist Einklang: Einklang mit dem Moment, Einklang mit sich selbst und mit dem, was ist.

Es liegt ein immenser Frieden in der Kunst, sich ganz auf die Gegenwart einzulassen. Ganz ohne Vorurteile und Erwartungen, ohne Angst und ohne Vorbehalte gegenüber dem Unbekannten. Die Gegenwart ist deshalb so kraftvoll, weil sie so klar ist. Sie *ist* ungeteilt, nicht zerrissen von Vergangenheit oder Zukunft, sondern sie ist die pure Energie des Augenblicks. Unzählige LehrerInnen erinnerten und erinnern uns immer wieder neu an den Wert der Gegenwart, und manchmal gelingt es uns, dass wir es spüren: dieses Feld, das hinter allem liegt, diese Präsenz, der wir nichts hinzufügen müssen, aber aus der wir alles schöpfen können, was wir zulassen. Eine der Pforten dorthin ist die Meditation, die Zentrierung im Jetzt. Ich sage gerne: **Meditation ist mein Weg zu lernen, mit dem gut umzugehen, was ist – so wie es ist. Und meine Möglichkeit zu üben, die Person zu werden, die ich sein möchte.**

Ich liebe es, dieses Lernen und Üben als Meditationslehrerin gemeinsam mit anderen zu erleben und dabei immer wieder zu sehen, wie kraftvoll unsere innere Welt ist, wenn wir uns ganz in den gegenwärtigen Moment begeben. Im Alltag ist es aber nicht immer möglich, bei jeder Herausforderung oder Irritation in eine Meditation zu gehen. Doch es ist immer – auch ganz diskret und unsichtbar für andere – möglich, wieder zurück in deine Präsenz und Klarheit zu kommen.

So findest du in deine Präsenz:

1. **Tiefer Atem:** Lass deinen Atem bewusst tiefer und vollständiger werden. Öffne dazu auch leicht die Lippen und lass den Atem durch den Mund bis in den Bauchraum fließen. Wenn ein leichtes Seufzen kommt, lass es zu. Wenn es dir möglich ist, dann lege dabei deine linke Hand auf dein Herz und die rechte unter deinen Nabel und lass sie eine Weile dort liegen. Eine andere Variante davon ist, eine oder beide Hände unter den Nabel zu legen.
2. **Entspannte Augen:** Gehe mit deiner Aufmerksamkeit zu deinen Augen und entspanne sie. Stelle dir vor, wie alle Fältchen rund um deine Augen glatt werden. Spüre auch den Bereich tief hinter deinen Augen und entspanne auch dort.
3. **Lockere Kiefer und Zunge:** Nimm deinen Kiefer wahr und erlaube ihm, die Spannung loszulassen. Die Lippen dürfen leicht geöffnet sein. Der Atem kann durch den Mund fließen. Spüre auch deine Zungenwurzel oberhalb des Kehlkopfs und entspanne auch dort.
4. **Entspanntes Zentrum:** Gehe mit deiner Aufmerksamkeit tief in deinen Bauchraum und bis in dein Becken und lass den Atem bis dorthin fließen.
5. **Sicherer Halt:** Stelle dir vor, wie dein Atem nun von deinem Becken bis in deine Füße und durch deine Fußsohlen bis in die Erde fließt, und wieder zurück. Nimm dabei den Boden, auf dem du stehst, oder den Stuhl, auf dem du sitzt, bewusst wahr. Spüre die Schwerkraft, die dir Stabilität und Standfestigkeit gibt, und zugleich, wie du eine aufrechte und präsente Haltung einnimmst. Tief verwurzelt und zugleich nach oben strebend wie ein Baum.

Diese einfachen Übungen, entspannen dein Nervensystem sofort. Nutze sie für deine Präsenz und Klarheit und finde weitere Techniken, die dich in den gegenwärtigen Moment zurückbringen. Sei es:

- deinen ganzen Körper bewusst von innen wahrzunehmen,
- dich auf den Raum rund um dich herum zu konzentrieren und deine Wahrnehmung von dir selbst und deinem Stress auf ein weites, offenes Feld zu lenken,
- mit deinen Sinnen das Feld der Stille hinter allen Geräuschen zu suchen,
- deinen Atem bewusst in deinen Herzraum fließen zu lassen und dir vorzustellen, wie dein Atem durch dein Herz ein- und ausströmt und es weit und bereit für höhere Emotionen macht,
- für vier Sekunden einzuatmen und für acht Sekunden, also doppelt so lange, auszuatmen,
- für vier Sekunden einzuatmen, den Atem für vier Sekunden zu halten, dann für vier Sekunden auszuatmen und wieder für vier Sekunden zu halten, bevor du wieder für vier Sekunden einatmest und so weiter.

Lass Präsenz eine tägliche Übung deiner *Klarheits-Praxis* sein. Lass dein neues *Gefühlsfeld* dich immer stärker tragen. Folge weiter dem Pfad, den dir deine innere Führung zeigt, und finde deinen höheren Weg.

Vervollständige dein Klarheits-Cluster #6

Um deine Erkenntnisse zu festigen, trage die für dich wichtigsten in deinem Klarheits-Cluster ein.

Klarheits-Cluster #6:
Ich passiere mein Nadelöhr

Tote Rituale, die ich jetzt loslasse	Lebendige Rituale in meiner neuen *Klarheits-Praxis*	Gedanken und Gefühle, die ich nicht mehr leben möchte	Diese höheren Emotionen erbauen mein neues *Gefühlsfeld*	Um immer wieder zurück in den gegenwärtigen Moment zu finden, kann ich …

Selbst*wirksamkeit*

REGEL #7:

Gehe den höheren Weg

 # Vom Selbstwert zur Selbstwirksamkeit.

Dein Weg der Klarheit hat dich schon so weit geführt: aus deinen alten *Mustern des Müssens* hinaus und durch die Schatten über deinem *Lebensacker* hindurch. Raus aus dem Kreislauf von Geiz und Gier und hin zu deinem *Ganz-genau-genug-Punkt.* Er führte dich von den *absteigenden Gefühlsfeldern* hinein in dein neues, *aufsteigendes Gefühlsfeld,* das dich stabilisiert und erweitert. Klärte deine trüben Nebenabsichten und dein Gespalten-Sein und brachte dich in Verbindung mit deinen 3 inneren Stimmen und zu deinem *Berufungs-Raum,* den du nun ausfüllen kannst, damit das Leben in ihm auch *dich* erfüllt. Und zuletzt gingst du hindurch durch dein Nadelöhr, das dich nicht nur einmal, sondern immer wieder auffordert, loszulassen, zu vertrauen und auf das Unbekannte zuzugehen. Damit du wachsen kannst – und mehr und mehr wirst, wer du wirklich bist. Damit du als präsenter, klarer und befreiter Mensch auf dem Weg ankommen kannst, den ich den höheren Weg nenne.

Dein höherer Weg ist der Weg der schönsten Selbsterfahrung und der höchsten Selbstwirksamkeit. Ihn zu gehen, heißt, dein Leben und alles, was dir darin begegnet, von einer höheren Warte aus zu sehen und gestalten zu können. Er ist der Weg, den du nicht suchen musst, sondern auf den du auf ganz natürliche Art und Weise findest, wenn du in deiner Klarheit bleibst. Er beinhaltet alles, was deinen *Lebensacker* fruchtbar macht:

- Deine höhere Lebensberufung als Gesamtes aus privaten, persönlichen und beruflichen Sehnsüchten – und all die erfüllenden Erlebnisse, die daraus entstehen.

- Innere Sicherheit, Präsenz im Augenblick und bewusste Verantwortung für dein Leben und dein Umfeld.
- Eine klare Sicht auf dich und die Welt und eine lebendige Struktur, die dir hilft, dich weiterzuentwickeln und deine Klarheit zu festigen.

Auf deinem höheren Weg zu gehen, ist ein Abenteuer. Es ist eine Reise, die dich fordert und fördert und auf der du alle 7 Stufen der Klarheit immer wieder neu durchlaufen kannst. Und genau das ist so wichtig. **Denn wir leben in einer Zeit, in der es nicht ausreicht, nur zu verstehen und zu wissen.** Wir leben in einer Zeit, die mit Nachdruck will, dass wir *wirklich* wachsen, uns *wirklich* zum Besten verändern und als Mensch all das aktiv verkörpern, was wir verstanden haben. Wenn wir uns *verwirklichen,* dann geht unsere Wirksamkeit über uns selbst und unser eigenes Leben hinaus, und der Kreis schließt sich. Sehen wir uns diese 7 Stufen genauer an:

Die 7 Stufen der Klarheit

1. **Wahrnehmen:** Du bist bewusst im Unbewussten geworden und erkennst, wenn du deinen Weg der Klarheit verlässt oder von ihm abgebracht wirst – und hältst inne, um genauer hinzusehen.
2. **Verstehen:** Du verstehst, welche Mechanismen, welche Muster, Schatten, Illusionen, fremdbestimmten Ziele, Nebenabsichten oder Irritationen gerade in dir wirken, und lenkst wieder in Richtung Klarheit ein. Du weißt: Was du wahrnehmen und verstehen kannst, das kannst du auch verändern.
3. **Verwandeln:** Indem du dich selbst, andere Menschen und Situationen klarer verstehst und bewusst zum Positiven steuerst, veränderst du deine Wahrnehmung, deine Haltung und deine Art der Reaktion allem gegenüber. Und damit verwandelst du die Qualität deiner Erfahrungen grundlegend zu deinen Gunsten und zum Wohle aller.

4. **Verkörpern:** Mit jeder geklärten Wahrnehmung und jeder bewussten Entscheidung zur Selbstermächtigung wirst du stärker, sicherer und authentischer. Dein Wesen und deine Ausstrahlung wachsen mit dir. Dein neues *Gefühlsfeld* wird immer stärker und magnetischer. Du verkörperst mehr und mehr deine Klarheit – und wirst auf ganz natürliche Weise zum Vermittler.
5. **Vermitteln:** Es ist unmöglich, mit einer wahrhaft bewussten Person zu streiten. Je mehr Klarheit du verkörperst, desto mehr wirst du zu einem stabilen Feld des Gleichgewichts und kannst im Alltag immer mehr Positives beitragen und bewirken. Andere können von dir lernen und mit dir profitieren.
6. **Vermehren:** Umso mehr Menschen und Situationen du in Klarheit begegnest, umso mehr Offenheit, Respekt, Würde, Mitgefühl und Liebe bringst du in dein Umfeld ein – und vermehrst damit diese wertvollen Qualitäten in der Welt. Zudem wächst du immer weiter in deinen *Berufungs-Raum* hinein, nimmst ihn immer aktiver und freudvoller ein und erweiterst damit deine Möglichkeiten, ein wirksamer und zugleich erfüllter Mensch zu sein.
7. **Vereinen:** Je weiter du deinen *Berufungs-Raum* ausfüllst und je sicherer du in dir selbst und deinem Gedanken- und *Gefühlsfeld* verankert bist, desto mehr werden deine Visionen zu deiner Wirklichkeit werden. Es gelingt dir immer schneller und besser, deine inneren Bilder und deine äußeren Ziele zu vereinen. Du fühlst dich vollständiger.

   Und nicht nur das: Je klarer du in dir selbst bist, desto offener wirst du auch für den Austausch mit anderen. Dafür, deine Gedanken zu teilen, dich zu vernetzen und gezielt dazu beizutragen, dass aus deinen Verbindungen und Verknüpfungen etwas Neues entsteht, das zum Wachstum und zur Weiterentwicklung der Welt beiträgt.

Wie du siehst:

> **# Alle Klarheit beginnt damit, bewusst im Unbewussten zu sein, und führt dazu, dass nicht nur du gestärkt wirst, sondern das große Ganze.**

So klein und unbedeutend dir also manche deiner Schritte auch erscheinen mögen oder so herausfordernd dein ehrlicher und authentischer Weg auch werden kann, erinnere dich immer daran, dass alles, was du klärst, zuerst für dich und schließlich für *alle* heilsam sein wird. Gerade deine kleinen, täglichen Gewohnheiten, Gedanken und Gefühle machen einen bedeutenden Unterschied. Sie ebnen deinen höheren Weg. Und wenn du die Trampelpfade von Stress, ewig falschen Verpflichtungen und toten Ritualen verlassen hast, dann wirst du nicht nur authentischer und selbstbestimmter, sondern auch zum Wegweiser für andere. Du wirst ein Signal der Freiheit, der Sicherheit und der Selbstermächtigung und hast damit eine völlig neue Wirkung auf die Welt und eine Selbstwirksamkeit, die dich tatsächlich erfüllt.

> **# Wir Menschen sind dazu gemacht, wirksam zu sein. Genau deshalb wirken wir *immer*. Die große Frage ist also nicht, *ob*, sondern nur *wie* du wirken kannst.**

Frage dich in deinen Entscheidungen und Haltungen: Bist du damit ein Teil des Problems oder bist du Teil der Lösung? Bist du Teil des Leidens oder bist du Teil der Liebe? Bist du Teil von Geiz und Gier oder bist du Sicherheit und Stabilität? Bist du Angst und Wut oder bist du Frieden und Vertrauen? Spürst du die immense Kraft, die in diesen Fragen liegt? Und spürst du auch die Aufforderung, die dahintersteht? Sie ist gigantisch. **Und du darfst sie annehmen.** Du darfst dir etwas Gigantisches und Großes zutrauen – ganz so, wie du »etwas Großes« für dich definierst. Ganz so, wie es in deinen persönlichen *Berufungs-Raum* und zu deinem

einzigartigen Naturell passt. ***Vergleiche* dich nicht, sondern *verwirkliche* dich.** In meinem Freundeskreis gibt es alles: junge Frauen, die bereits Millionenunternehmen führen. Solche, die internationale Projekte leiten und Teams bilden. Frauen, die sich ganz ihrem stillen Yogi-Weg verschrieben haben, und solche, die anderen die Kraft der Natur wieder nahebringen. Ich habe Freundinnen, die fünf eigene Kinder großziehen, und solche, die sich als Pädagoginnen liebevoll um die Kinder anderer kümmern und sie wertvoll begleiten. Ganz egal, mit welcher dieser von mir so geschätzten Frauen ich mich vergleiche, ich kann mit keiner »mithalten«. Mit jeder dieser Frauen habe ich etwas gemeinsam, doch würde mich ihr persönlicher höherer Weg überfordern. Ihr *Berufungs-Raum* ist nicht meiner, und umgekehrt. Im Vergleichen kann ich nur die äußere Form an der äußeren Form messen, aber nie die Werte, die Wahrheit und die innere Führung sehen, die diese Form überhaupt hervorgebracht haben. Die diesen Frauen das Talent, den Mut, die Kraft und die Ausdauer geben, ihren Weg so zu gehen, wie sie es entscheiden. Darum versuche ich, den Vergleich fallen zu lassen und bei mir zu bleiben. In meiner Wahrheit und meiner Weisheit, und aus meiner inneren Führung heraus, jeden meiner Tage so zu gestalten, wie es *für mich* authentisch und erfüllend ist.
Auch du kennst deine Wahrheit und die Form, die dein *Berufungs-Raum* mehr und mehr annehmen kann. Auch du bist dir klar darüber geworden, welchen Dingen und Menschen du entwachsen bist und wo du dich hinentwickeln möchtest. Und das wichtigste Werkzeug, das du auf deinen höheren Weg mitnehmen solltest, ist das Gegenteil des Vergleichs: **dein Vertrauen.** Lass uns also auch in Regel #7 noch einmal ganz in die Tiefe tauchen, um deine Fundamente zu festigen und um ein neues Vertrauen in dich selbst, das Unbekannte und deinen höheren Weg aufzubauen.

 # Je größer die Klarheit, desto größer das Vertrauen. In dich und die Welt.

Frage dich in neuer Ehrlichkeit:

- Wie sehr vertraue ich der Welt?
- Wie sehr vertraue ich anderen Menschen?
- Wie sehr vertraue ich mir selbst?

Wo liegen deine Antworten auf einer Skala von eins für »gar nicht« bis zehn für »voll und ganz«?
Mache dir dazu eine kurze Notiz, wenn du möchtest.

Wir sind oft enttäuscht worden. Die Wunden sind stumm und still zurückgeblieben und erschweren es uns, durch unser Nadelöhr zu kommen. Dabei ist Vertrauen etwas, das wir als Urvertrauen vom allerersten Moment an geschenkt bekommen sollten. Doch nicht jeder hat dieses Urvertrauen wirklich empfangen oder annehmen können. Es gibt unterschiedlichste Gründe dafür. Solche, für die man jemanden zur Rechenschaft ziehen könnte, und solche, die einfach »das Leben«, die Umstände, so mit sich gebracht hat. Doch selbst wenn wir bereits in unserem Urvertrauen nicht sattelfest geerdet worden sind und selbst wenn wir im Laufe der Zeit (immer wieder) verletzt, verraten, belogen oder betrogen worden sind und uns selbst gegenüber unehrlich und untreu waren, können wir lernen, (neu) zu vertrauen. Oder warte: Wir können nicht nur, wir müssen sogar. Denn **Vertrauen ist der Nährboden unserer authentischen, schöpferischen Kraft.** Ohne Vertrauen fehlt uns eine absolut essenzielle Energie zur Entfaltung. Damit ist Vertrauen die Basis unserer Selbstwirksamkeit. Und zugleich – und das ist das Wunderbare! – ist Vertrauen auch das Ergebnis, der Lohn, unserer Authentizität und unseres Muts, den höheren Weg zu gehen, denn: **Immer wenn wir Vertrauen fassen und offen auf das noch Unbekannte zugehen, werden wir wirksamer. Und immer wenn wir wirksam geworden sind, gewinnen wir neues Vertrauen hinzu.**
Siehst du, welche positive Dynamik hier für dich entsteht? Daher lautet die These in Regel #7:

Je mehr du vertraust, desto vollständiger wirst du.

Desto mutiger, entschlossener, offener, flexibler und freier kannst du leben. Denn in Wahrheit ist es so: Vertrauen schließt die Lücke. Die Lücke zwischen dir und dem, was (jetzt noch) unmöglich oder unsicher scheint. **Zweifel trennen dich von deiner Kraft und deiner klaren Absicht, und Misstrauen trennt dich von der Welt und den Ressourcen, die sie dir zur Verfügung stellen könnte.** Erst wenn das Vertrauen (wieder) da ist und seinen Platz in deinem Leben eingenommen hat, kannst du diese Trennung überwinden und wahrhaft vorankommen.
Doch wie sollst du das verletzte Vertrauen heilen? Wie kannst du die positive Dynamik aus Vertrauen und Wirksamkeit in deinem Leben in Gang setzen? Wie immer: Die Lösung ist *in dir* – und beginnt damit, dass du ehrlich hinschaust.

Flow Writing #7:
Vertrauensbrüche und Vertrauensbrücken

Wenn dein Vertrauen gebrochen wurde, stürzen Brücken ein, deren Trümmer deinen natürlichen Lebensfluss blockieren können. Engstellen entstehen, an denen sich Gedanken und Emotionen stauen, die dein Vorankommen behindern können. Daher lohnt es sich, jene Stellen im Leben noch einmal in neuer Ehrlichkeit anzusehen und diese Erlebnisse aus einer neuen Warte heraus wahrzunehmen, sie neu zu verstehen und dich ihnen gegenüber neu zu positionieren, wie du es aus Regel #4 bereits kennst.

Schaue ehrlich auf die Vertrauensbrüche in deinem Leben und stelle dir im persönlichen Flow Writing oder mit der Audiodatei, die ich auf www.findeklarheit.de/buchdownloads für dich vorbereitet habe, folgende Fragen:

Vertrauensbrüche und Vertrauensbrücken

- Welche Vertrauensbrüche habe ich erlebt?
- Was oder wer war Teil dieser Erfahrung?
- Gibt es Trümmer und Blockaden, die mich jetzt noch belasten oder bremsen?
- Wo spüre ich diese in meinem Körper? Welche Emotionen sind da?
- Was wollen diese Emotionen mir sagen? Wozu wollen sie mich animieren, damit sie sich auflösen können?
- Hat diese Erfahrung heute noch Einfluss auf mein Leben? Wenn ja, in welcher Form äußert sich das?
- Wie kann ich meine Haltung zu dieser Erfahrung verändern und mich neu positionieren, um diesen Bruch zu heilen?
- Aus welcher höheren Gefühlsebene heraus und mit welchen neuen Emotionen will ich von nun an auf diese Erfahrung schauen?
- Ist dafür für mich im Hier und Jetzt noch etwas zu tun?
- Wo kann ich neue Vertrauensbrücken aufbauen? Welche Menschen, Möglichkeiten oder Visionen verdienen es, dass ich ihnen mein volles Vertrauen schenke?

 # Vertrauen ist keine Eigenschaft des Verstandes. Vertrauen ist eine Eigenschaft des Herzens.

Wenn wir versuchen, mit unserem rationalen Denken neues Vertrauen zu fassen, werden wir rasch feststellen, dass unser analytischer Geist immer Einwände hat, mögliche Risiken erkennt und

so viele verschiedene Szenarien entwirft, dass wir zwangsläufig wieder ins Zweifeln und ins Getrennt-Sein rutschen.
Doch Vertrauen ist eine Emotion der aufsteigenden Gefühlsfelder, das du dir, deinem Körper und Geist wieder beibringen kannst. Wo Vertrauen wächst, hat Angst immer weniger Platz. Denn Vertrauen und Angst schließen sich gegenseitig aus. Und das spürst du in dir ganz deutlich: Angst ist Anspannung und Enge. Vertrauen ist Entspannung, Weite und Offenheit. Du bist nicht mehr skeptisch und (über-)vorsichtig, sondern du fühlst dich zuversichtlich und neugierig. Bist im Frieden mit dem, was war, und bereit für das, was kommen mag – auch wenn du das noch nicht vorhersehen kannst.
Neu vertrauen zu lernen, heißt auch, die eigenen Wohlfühlbereiche zu verlassen, (emotionale) Risiken einzugehen und sich einer Führung und einer Gewissheit zu überlassen, die zunächst keine sichtbaren Beweise und stichhaltigen Argumente vorlegen können. Doch je mehr du auf deine innere Führung hörst, desto mehr entsteht eine Sicherheit in dir, die es dir erlaubt, Dinge zu tun und Entscheidungen zu treffen, die du bisher für unmöglich gehalten hast. Optionen zu sehen, für die du früher blind gewesen warst, und dort aktiv zu werden, wo du sonst nur gezögert hast.

Um dich darin zu unterstützen, dein Vertrauen von innen heraus zu stärken und ein neues Überzeugungs-Fundament in dir aufzubauen, habe ich hier im Buch und als Audiodatei auf www.findeklarheit.de/buchdownloads wieder spezielle aufsteigende Affirmationen für dich vorbereitet. Nutze sie, um das Feld des Vertrauens in dir wachsen zu lassen, und erlaube den Aussagen, wirklich zu deiner Wahrheit zu werden, nicht nur gehört, sondern gefühlt zu werden – in jeder Zelle und von Herzen.

Aufsteigende Affirmationen #7:
Ich vertraue

Ich vertraue auf meinen Weg und darauf, dass sich meine Bemühungen lohnen werden. Ich vertraue mir selbst und meiner Kraft. Ich vertraue meiner inneren Stimme und weiß, dass es sicher ist, ihr zu folgen. Ich fühle mich verbunden und geführt. Ich freue mich auf die Zukunft. Ich vertraue auf das Unbekannte und darauf, dass ich genau zur richtigen Zeit die richtigen Schritte setze. Ich vertraue meinen Visionen und Vorhaben und öffne mich für neue, ungeahnte Möglichkeiten, sie zu verwirklichen. Ich vertraue meiner Fähigkeit, zu wachsen und mich zu verändern. Ich bin offen für Neues und weiß, dass meine Weisheit mich leitet. Ich vertraue darauf, dass ich es wert bin, in Fülle und Freiheit zu leben. Ich vertraue darauf, dass immer genau das geschehen wird, was gerade gut und richtig für mich und mein Umfeld ist. Ich vertraue auf die Menschen, die mich begleiten. Ich vertraue auf die unsichtbare Kraft, die mich unterstützt. Ich vertraue auf meine Wahrheit und Klarheit. Ich vertraue mir. Ich vertraue dem Leben. Ich vertraue meinem höheren Weg.

 # Der höhere Weg führt dich weit hinaus aus deiner Komfortzone – und mitten hinein in deine wahre Größe.

Wo du dich jetzt bereits wohl und sicher fühlst, dort ist deine Komfortzone. Es ist der Raum des Bekannten. Doch woher kommt das Bekannte? Es kommt aus deiner Vergangenheit. Wenn du also deinem höheren Weg folgen, dich erweitern und Neues in dein Leben holen willst, dann gilt es, über das bereits Bekannte hinauszugehen, deine Komfortzone zu verlassen und dadurch in deine Lernzone einzutreten. Das Leben wird reizvoll, spannend, aufregend und wertvoll, wenn wir zwischen Komfort- und Lernzone hin- und herpendeln. Wenn wir gefordert sind, unsere Talente fördern und das Neue mit dem verknüpfen können, was wir schon beherrschen. Im persönlichen und privaten Bereich gilt das ganz genauso wie im Beruf. Doch wenn das Erlebte unsere derzeitige Belastbarkeit übersteigt, wenn wir überfordert sind, dann können wir nicht mehr konstruktiv lernen, verarbeiten und verknüpfen, sondern wir rutschen in die sogenannte Traumazone.

Erschüttert, verletzt oder schockiert uns ein Ereignis über die Maßen, sind wir sogar gezwungen, gewisse Erlebnisse ganz ins Unbewusste zu verdrängen und damit die Verarbeitung auf einen anderen Zeitpunkt zu verschieben, um die Intensität im Hier und Jetzt ertragen zu können. Doch was kann uns überhaupt traumatisieren? Lang anhaltender Stress, schwere Krankheit, Trennungen, gezielte Manipulation oder emotionaler Missbrauch können genauso traumatisierend für uns sein wie Gewalt, Unfälle, Schicksalsschläge, Katastrophen oder Krisen. Ob und wie sehr wir etwas als traumatisch erleben, das hängt ganz von unserer psychischen Konstitution ab und ist für jeden Menschen anders. Je nachdem: Wie intensiv das Ereignis empfunden wird, wie groß unsere Komfort- und Lernzonen sind und wie stabil und zugleich flexibel wir uns in ihnen bewegen, entscheidet darüber, wie wir ein Erlebnis verarbeiten können.

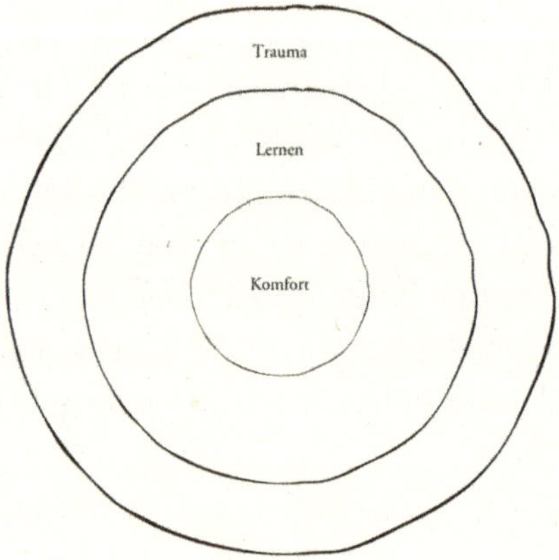

Die Angst vor Traumata, vor Überforderung und dem Gefühl, allem nicht mehr gewachsen zu sein, ist urmenschlich. Sie kommt aus unserem Instinkt, der uns schützen möchte und unser Überleben sichern will. Und dabei unterscheidet unser Instinkt nicht dazwischen, ob wir dieser Überforderung »real« ausgesetzt sind, ob wir darüber nachdenken, oder ihr in Fernsehberichten, Postings oder Videos begegnen. Gerade dort werden traumatische und traumatisierende Bilder am Fließband präsentiert. Gepaart mit unserem anspruchsvollen Alltag, den vielen verwirrenden Stimmen und Stimmungen in der Welt, entsteht eine hochaufgeladene Zone, die uns unter Stress setzt – und erneut unsere Instinkte aufruft.

Daher versuchen viele Menschen – gerade in anspruchsvollen Zeiten und Krisen –, sich in ihre Komfortzone, in ihren scheinbar sicheren Kokon, zurückzuziehen und sich mehr denn je am Gewohnten festzuklammern. Sie blenden wichtige Wahrheiten und Signale aus, sind nicht mehr lernbereit und nicht mehr offen für Entwicklung, sondern wollen zurück zum Alten und machen andere (im Außen) für ihren (inneren) Zustand verantwortlich. Das ist eine natürliche Stressreaktion und mag auf den ersten Blick gerechtfertigt und verständlich erscheinen, doch auf den zweiten

Blick erkennen wir, dass das gefährlich ist. Nicht nur auf einer gesellschaftlichen Ebene, die wache Menschen braucht, die bereit sind, hinzuschauen, neue Lösungen zu suchen und anzupacken. Sondern auch auf einer ganz individuellen Ebene. Denn: **Unsere Komfortzone schrumpft, wenn wir sie nicht erweitern.** Sie wird kleiner und kleiner, je mehr wir uns in sie zurückziehen. Und je kleiner unsere Komfortzone wird, desto schneller können wir uns auch in der Lernzone überfordert fühlen und desto eher erleben wir etwas als beängstigend und traumatisch. Wir sehen: Je mehr wir uns also zu schützen versuchen, desto verwundbarer werden wir.

> **# Am unberechenbarsten und bedrohlichsten fühlt sich die Welt an, wenn du dich nicht voll auf dich selbst verlassen kannst.**

Wenn du deiner eigenen Stärke nicht vertraust und an dir und deiner Selbstwirksamkeit zweifelst. Wenn du dir sagst, dass Hoffnung, Mut und Zuversicht jetzt nicht angebracht sind. Wenn du dir die nächsten Schritte nicht zutraust und du dich den Herausforderungen deines Lebens nicht stellen willst. Dann hat deine Angst dein Vertrauen verdrängt. Sie hat dich entmachtet – und du hast deinen höheren Weg verlassen.
Hier siehst du erneut, welch wichtige Rolle deine *Klarheits-Praxis* dabei spielt, robuster und widerstandsfähiger zu werden und dein Leben erfüllt leben zu können. Denn sie hilft dir – auch und gerade in Zeiten von Krisen, Krankheiten oder Katastrophen –, länger in der Komfort- und Lernzone bleiben zu können, Stress zu vermindern und deine Haltung immer wieder zu stärken. Und selbst wenn du in die Traumazone gerätst, gibt dir die *Klarheits-Praxis* Werkzeuge und Wege, mit denen du dich wieder rascher und nachhaltiger aus ihr lösen kannst. Sei dir immer sicher: **Deine Klarheit kann dich tragen, wenn du ihr genügend Raum und Kraft gibst, ein sicheres Netz in dir zu bauen.**

 # Wenn du dein Feld des Vertrauens erweiterst, erweiterst du deine Wirksamkeit.

Alles, was dein Vertrauen nährt, nährt auch deine Stärke. Du wagst immer mehr. Wirst immer sicherer und kannst dich in deinen Tätigkeiten immer noch mutiger und authentischer zeigen, deine Werte immer klarer vertreten und dich der Themen in der Welt annehmen, die dich berühren. Du dehnst dich aus und kannst beobachten: Je größer deine Komfortzone wird und je lieber du dich in der Lernzone bewegst, umso weiter und vielseitiger wird auch dein persönlicher *Berufungs-Raum:* Größere Aufgaben und Chancen kommen auf dich zu, neue Menschen treten in dein Leben und neue persönliche Interessen werden wach. Und damit bekommst du immer mehr Möglichkeiten, dich selbst in deiner wahren Größe und Kraft zu erfahren.

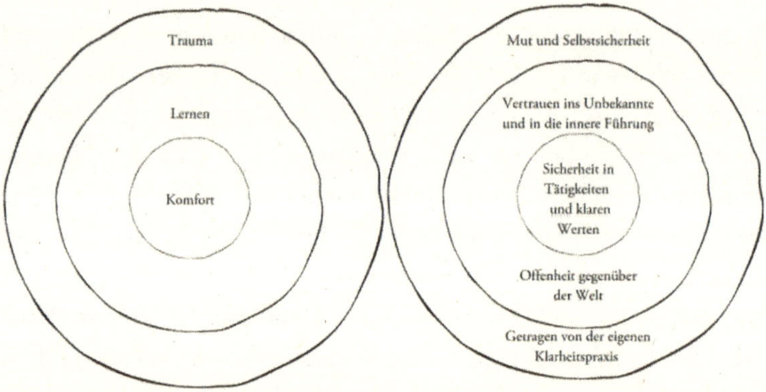

Je weiter dein *Berufungs-Raum* sich ausdehnt, desto abwechslungsreicher und authentischer kannst du deinen Alltag gestalten. Es gibt immer mehr Möglichkeiten, deine Wünsche zu verwirklichen und deinen wahren Zielen zu folgen. Und weil du immer sicherer wirst, kannst du dich auch immer weiter vernetzen und deine Erfahrung, dein Wissen und deine Ideen konstruktiv einbringen. Nutze dieses Potenzial, schöpfe diese Möglichkeit und diese Freiheit aus – und frage dich:

Wie möchte ich mich erweitern?

Was möchte ich lernen und welche Fähigkeiten möchte ich mir aneignen, um meine Komfortzone und damit meinen *Berufungs-Raum* zu erweitern?

Ich möchte lernen:

- ______________________________
- ______________________________
- ______________________________

Plane auch gleich die nächsten Schritte, die du zur Umsetzung für diese Lernziele setzen möchtest.

Um das umzusetzen, werde ich als Nächstes:

- ______________________________
- ______________________________
- ______________________________

 # Verbinde dich mit der Kraft in dir, die die Größe hat, jedes Vorhaben zu verwirklichen.

Wenn wir unsere wahren Ziele und die Sehnsucht unserer Seele immer genauer kennen, dann kann uns die Größe unserer Vorhaben manchmal einschüchtern. Wie sollen wir das denn alles verwirklichen können? Ich bin davon überzeugt: **Kein Mensch ist**

geboren, um bedeutungslos zu sein. Jeder hat in seinem Umfeld und innerhalb der Möglichkeiten, die sich ihm bieten, eine Rolle inne, eine Funktion, die wichtig ist und gebraucht wird. Ob wir ihr nachkommen und sie ausfüllen, das ist natürlich unserem freien Willen überlassen, aber für mich ist klar, dass das Leben uns immer dorthin lenken will, wo wir bereit sind, in unserer authentischen Größe zu leben. Und wie du weißt, gibt es immer zwei Wege, die du dorthin einschlagen kannst: Du kannst im Leiden lernen – oder in der Liebe. Du kannst Wachsen im Schmerz – oder Wachsen im Vertrauen.

 # Deiner inneren Führung zu folgen, bedeutet, Vertrauen auf höchster Ebene zu leben.

Wenn du deiner inneren Führung folgst, verlässt du dich auf etwas Unsichtbares, das jedoch stabiler und sicherer ist als alles Sichtbare, das dir je begegnen kann.
Es ist spannend zu beobachten, wie selbst sehr rationale Menschen irgendwann ihrem sogenannten Bauchgefühl das letzte Wort überlassen, weil sie erlebt haben, wie viel vorausschauender und umfassender seine Ratschläge sind. Wer ein Gespür für sich entwickelt hat, der ist nicht mehr leicht zu täuschen. Wer sich vertraut, der ist mit sich selbst verbunden. Und kaum eine andere Art der Verbindung ist so wichtig wie die zu deiner inneren Führung. Je klarer du sie wahrnimmst, desto öfter triffst du deine Entscheidungen ohne Worte. **Du *bist* dir einfach sicher** – und was du früher als irrational, unüberlegt oder viel zu vage empfunden hättest, das wird zum sicheren Terrain. Weil du deine 3 inneren Stimmen kennst und sie klar verstehen gelernt hast.

Deine 3 inneren Stimmen führen dich:

- **Dein Instinkt** erwacht, wenn es bedrohlich sein könnte, er warnt dich vor möglichen Gefahren und will dich im sicheren Versteck und gewohnten Umfeld halten. Wenn du tatsächlich bedroht bist und aus der Lern- in die Traumazone rutschen könntest, kann dein Instinkt genau der richtige Ratgeber sein und dich zu Flucht oder Verteidigung animieren. Wenn dich allerdings (nur) innere, gedankliche Kämpfe und Zweifel von deinem Vorankommen abbringen wollen, dann darf dein Instinkt pausieren. Dann sind Intuition und Inspiration die besten Quellen für konstruktive Impulse.

- **Deine Intuition** schöpft aus deinen Erfahrungen und deinem Wissensschatz und bietet dir – errechnet in deinem Bauchgehirn – schnelle Lösungs- und Handlungsvorschläge, die dir keine weitere Erklärung, aber dafür eine eindeutige Richtung vorgeben, die sich stark und aufregend anfühlt und ein klares Ganzkörper-Ja oder -Nein in dir auslöst.
- **Deine Inspiration** hingegen verbindet dich mit deinem höheren Geist, der Quelle deiner Kreativität und deines Ideenreichtums, und bringt das wahrhaft Neue, das Waghalsige und das Unerwartete in dein Leben. Sie ist dein Tor zum Ungeahnten und will, dass du das Unmögliche möglich machst.

Intuition und Inspiration sind zwei wundervolle und machtvolle Kräfte, die pure Klarheit bieten können – und gerade in Zeiten des Umbruchs und des Wandels unschätzbar kostbar sind. Sie navigieren dich auf ganz einfache Art und Weise durch den immer komplexer werdenden Alltag, der den rationalen Verstand, der auf Details und das Durchdenken verschiedenster Szenarien spezialisiert ist, zunehmend überfordert. Ich persönlich glaube, dass ein Leben, in dem wir unsere Intuition und Inspiration nicht aktiv einbeziehen und nutzen, sich nie voll entfalten kann. Ich denke, wir können unseren höheren Weg nur dann finden und gehen, wenn wir bereit sind, uns auf eine intuitive und inspirierte Lebensweise einzulassen. Wenn wir uns dafür öffnen, den subtilen Signalen dieser Stimmen zu folgen. Sie erheben uns über die alten Pfade, denn **Intuition und Inspiration sind deine inneren Ratgeber, die »über den Dingen« stehen.**

Sie kommen aus deiner höheren Intelligenz und erweitern nicht nur deine Perspektiven, sondern deine komplette Wahrnehmungs- und Urteilsfähigkeit. Dabei ist klar: Egal ob Mann oder Frau, sensibel oder nicht – Intuition und Inspiration sind für jede und jeden zugänglich. Sie sind wie zusätzliche Sinne, mit denen wir von Anfang an ausgestattet sind und die wir trainieren, verfeinern und entwickeln können, so, wie beispielsweise ein Weinkenner seinen Geruchs- und Geschmackssinn trainieren kann.
Wenn wir offen sind und unsere Intuition und Inspiration stärken, dann stärken wir so vieles: unsere Gestaltungskraft, unser Bewusstsein für uns selbst, für unser Richtig und Falsch, für das Erkennen des günstigen Moments, für die höhere Wahrheit und die Lern- und Heilungschancen, die ein Ereignis für uns bereithält.
Wir können Entscheidungen nicht nur sicherer, sondern auch leichter und schneller fällen. Wir können Optionen gelassen auslassen und mit Ruhe und Gewissheit auf (noch) bessere Möglichkeiten warten. Denn wir zweifeln nicht. Wir vertrauen. Wir sind verbunden mit uns selbst und vollständig in unserer Kraft.

 # Erweitere deine Sinne und du erweiterst dein ganzes Sein.

Auf dem höheren Weg bekommt unser Leben nicht nur viel mehr Perspektive, sondern auch viel mehr Substanz und Sinn. Gerade Letzteres dürfen wir durchaus wörtlich nehmen: **Unser Leben »macht Sinn«, weil es auf allen Ebenen stimmig für uns ist.** Auf der rationalen genauso wie auf der emotionalen. Wir haben klar wahrgenommen, intuitiv gewählt und aus der Inspiration heraus gehandelt – und fühlen uns verbunden, sicher und ganz. Weil wir nichts ausblenden, nichts unterdrücken und nichts von uns abspalten müssen. Wir vertrauen unserer inneren Führung und werden dadurch vollständiger.
Je klarer wir diese innere Führung und die Signale unserer Intuition und Inspiration erkennen können, desto klarer werden wir in

unserer Lebensgestaltung. Darum lohnt es sich, unsere Wahrnehmung zu verfeinern und unsere Sinne zu schulen. Dazu möchte ich dir ein paar Anregungen mitgeben, die du gerne in deine tägliche *Klarheits-Praxis* aufnehmen kannst und die deinen Blick auf das Wesen der Welt und auf dich selbst verändern können.

Übungsreihe: Intuition und Inspiration
Schule deine Sinne und stärke dein Selbst
Den Zugang zu unserer inneren Führung finden wir oft genau dort, wo wir als moderner Mensch kaum mehr hingehen: im Ziellosen, in der Stille, in der Dunkelheit, im Alleinsein und in der Leere. Daher lade ich dich ein, mir dorthin zu folgen.

Übung 1: Ziellosigkeit
Der Intuition-Walk

»Wohin gehst du, wenn du kein Ziel ansteuerst?«

Wenn wir gehen, ohne irgendwo ankommen zu wollen, finden wir nicht selten zu uns selbst. Der Intuition-Walk, der intuitive Spaziergang, ist meine Einladung an dich, dich von deiner inneren Stimme durch die Stadt oder die Natur führen zu lassen und zu beobachten, was dir dadurch begegnet. Beginne deinen Spaziergang ganz unvoreingenommen und:

- Bleibe immer mit 20 % deiner Aufmerksamkeit in deinem Körper und bei deinem Atem.
- Höre aufmerksam auf deine innere Stimme und lass sie entscheiden, wann du wo abbiegst, wie schnell oder langsam du gehst und was du als Nächstes tust.
- Beobachte währenddessen:

- Wie geht es dir, wenn du gewohnte Wege oder vielleicht deine örtliche Komfortzone verlässt? Wie wach sind deine »normalen« Sinne in diesem Moment?
- Wie intensiv nimmst du dadurch deine Umgebung und den Moment wahr?
- Welche Gedanken kommen?
- Wie fühlst du dich? Und:
- Wie sehr hast du deiner inneren Stimme vertrauen können?
- Wohin hat sie dich letztlich geführt?
- Was hast du dabei erlebt?
- Was nimmst du daraus mit?

Brich immer wieder zu einem Intuition-Walk auf. Er schult dein inneres Navigationssystem und dein Gefühl für dich selbst und erweitert dabei auch deine geografische Komfortzone. Kurz: Er macht dich lebendiger, sicherer und freier.

Übung 2: Stille
Die einsame Kammer

»Was hörst du, wenn du nichts hörst?«

Das ist die Frage, die ich mir gestellt habe, als ich mit 28 Jahren zum 1. Mal zu einer 10-tägigen Schweigezeit in ein Kloster gezogen bin. Was ich dort hörte? Zuerst ein wildes Aufschreien meines überzüchteten und überreizten Geistes, und dann: immer mehr Ruhe, immer mehr Zuspruch, immer mehr Wahrheit, die von ganz innen kam. *Stille ist ein Raum absoluter Klarheit.* Suche sie, sooft du kannst. Ziehe dich in eine »einsame Kammer« zurück, stelle dein Smartphone in den Flugmodus, pausiere deine Welt für ein paar Momente und übe dich im Still-Sein. Lerne, das unglaublich dichte und kraftvolle Wesen der Stille wieder auszuhalten und dich von ihr tragen, befreien und letztlich neu anweisen zu lassen. Es gibt kaum einen anderen Ort, an dem du dir selbst – in deiner ganzen Menschlichkeit, mit allen Fehlern und Vorzügen – so klar und ehrlich in die Augen blicken kannst. Wage es, dich zu sehen.

Übung 3: Dunkelheit
Das befreite Auge

»Was siehst du, wenn du nichts siehst?«

In einer Welt, die uns so oft blendet, ist es nicht immer einfach, die Wahrheit zu erkennen. Das Sehen ist aktuell unser dominanter Sinn und endlose Bildfluten und Videoströme schwemmen jeden Tag unfassbar viele Eindrücke in unser (Unter-)Bewusstsein. So viele, dass unsere inneren Bilder, unsere eigenen Visionen und Vorstellungen davon überlagert und fast erdrückt werden können. Befreie dich von diesen fremdauferlegten Illusionen, indem du dir »bildarme« Tage gönnst. Tage ohne neue Filme, neue Videos und Fotos aus dem endlosen Feed.
Wenn du möchtest, ziehe dich zudem immer wieder bewusst in die Dunkelheit zurück. Spaziere in der Nacht, bleibe abends oder frühmorgens eine Weile im Dunkel deines Zimmers sitzen und lass deine Augen zur Ruhe kommen. Gib dir Raum, um neue Bilder in dir entstehen zu lassen. Bilder, die nur dir gehören und die deine wahren Ziele und Absichten zum Ausdruck bringen können.
Wenn es sich für dich richtig anfühlt, kannst du jederzeit deine Augen schließen und deine Aufmerksamkeit auf den

Punkt leicht oberhalb des Zentrums zwischen deinen Augenbrauen legen und deine Energie dort sammeln, wo fernöstliche Traditionen unser sogenanntes Drittes Auge verorten, das als *das* Sinnesorgan für Intuition, Erkenntnis und Bewusstsein gilt. Möge es dich immer öfter hinter die Schatten der Illusion blicken lassen.

Übung 4: Alleinsein
Nicht Einsam-, sondern All-Eins-Sein

»Wem begegnest du, wenn niemand da ist?«

Wir sehnen uns danach, uns vollständig zu fühlen, und versuchen, Einsamkeit meist zu vermeiden. Doch wenn das Leben uns auf uns selbst zurückwirft und wir keine Möglichkeit zur Ablenkung mehr haben, dann werden wir mit uns selbst konfrontiert – und mit den emotionalen und gedanklichen Kräften, die wir gerade in uns wirken lassen. Für ein gestalterisches Leben in Klarheit ist es ganz grundlegend wichtig, dich selbst auszuhalten und mit dir in gutem Kontakt zu stehen. Im Intuition-Walk, in der Stille und in der Dunkelheit bist du ebenso allein und kannst aber genau dadurch die Erfahrung des All-Eins-Seins machen: des Eins-Seins mit dir selbst und mit all deinen Sinnen und Ebenen, die dich führen und stärken.

Übung 5: Leere
Nichts mehr hinzufügen müssen

»Was erfüllt dich, wenn du dich nicht füllst?«

Wenn wir keine Leere zulassen, berauben wir uns einer Erfahrung von Leichtigkeit und Freiheit, die wir nur dort erleben können. Darum lade ich dich ein:

- Lerne Langeweile: Lass Langeweile zu und lerne, dich nicht zwanghaft ablenken zu müssen. Langeweile ist ein Privileg und der Zustand, in dem neue Ideen und Inspirationen zu dir kommen. Deine Muse kann dich nur erreichen, wenn du nicht anderweitig abgelenkt, sondern frei und offen für sie bist.
- Schaffe Leerraum rund um dich: Ich selbst versuche immer, rund ein Viertel aller Schränke in meinem Zuhause leer zu lassen. Warum? Weil ich mir damit symbolisiere, dass es Raum zum Wachsen gibt. Verabschiede dich von dem, was nicht mehr in deinen neuen *Berufungs-Raum* passt, und schaffe Leerraum, der Neues anzieht.
- Versuche dich im Fasten: Finde eine Variante des Fastens, die für dich stimmig ist, und gönne deinem Körper und Geist immer wieder Phasen der Reinigung. Du wirst erleben, welch großartigen Effekt dies auf deine Klarheit, deine Selbstheilungsprozesse und dein Gefühl der Selbstwirksamkeit hat.
- Leere deine Gedanken: Versuche dich im Nichts-Denken und weite die wenigen Sekunden, die es dir gelingt, zu immer längeren Momenten der Gedankenstille aus. Bis der nächste Impuls kommt und dich wieder mitreißt, hinein in den ewigen Strom des Denkens. Und das ist in Ordnung so.

 # Gehe deinen höheren Weg. Und gehe ihn ohne Befürchtung und ohne Erwartung.

Je mehr du an deine innere Führung angebunden bist und je vollständiger du dir und deinem höheren Weg vertraust, desto ruhiger wird es in dir. Große Erwartungen, die zu ebenso großen Enttäuschungen führen könnten, werden immer mehr zu einem Gefühl von Gewissheit, dass alles gut ist, so, wie es jetzt ist – und dass es zu etwas führen wird, das für dich stimmig sein wird. Befürchtungen weichen dem Vertrauen in deine Fähigkeiten und darauf, dass dein *Berufungs-Raum* immer neue, sichere Orte und Zonen bieten wird, die dir die Möglichkeit geben, zu heilen und zu wachsen. Du spürst:

 # Auf dem höheren Weg ist es nicht mehr so wichtig, ob du deine Ziele erreichst, sondern was für ein Mensch du wirst, während du dich in deine Ziele hineinentwickelst.

Es geht nicht mehr darum, einen Haken unter etwas zu setzen, sondern darum, in der Dynamik des Lebens Fülle, Wahrheit, Schönheit und Chance zu erkennen. Dich als kraftvolle Persönlichkeit zu entwickeln und deine kreativen, schöpferischen Seiten zum größten Wohl zu entfalten. Das heißt nicht, dass du keine konkreten Aufgaben mehr zu einem konkreten Ende führen sollst, im Gegenteil. Du nimmst dich deines Alltags, deines *Lebensackers,* und deiner Ziele noch aufmerksamer an, wenn du weißt: **Eine Aufgabe kann dich nur voll erfüllen, wenn du sie voll erfüllst.**
Der große Unterschied zum vielleicht bisher Gelebten ist der, dass du dich vom Verbissen-Sein befreist und dich stattdessen mehr und mehr deiner inneren Stellhebel bedienst. Wenn du Widerstände, die dich von deiner Klarheit trennen, ehrlich erkennst und überwindest – und dich mit der Kraft in dir verbindest, die die Größe hat, jedes Vorhaben zu verwirklichen und deiner Wahrheit zu folgen.

Wenn du es wagst, deine Komfortzone bewusst zu verlassen, deinen *Berufungs-Raum* auf allen Ebenen auszudehnen und dein Vertrauen in dich und das Unbekannte fest zu verankern, dann bist du bereits sehr weit gekommen. **Und dazu gratuliere ich dir von Herzen: Du hast das verwirklicht, was ich das *»We-are-Creators-Prinzip«* nenne.**
Es ist ein Lebensprinzip, das der Klarheit, dem höheren Weg und der schönsten Authentizität zugrunde liegt. Es sagt uns, dass wir so viel mehr sind als müde Konsumenten und gestresste Follower. *We are creators!* Wir sind die bewussten Gestalter unseres Lebens – und damit der Welt.

Diese Art der Selbstwirksamkeit und Freiheit ist eine Art der Meisterschaft, die unser Leben in der modernen Zeit immens bereichert. Und darum möchte ich dir nun am Ende unserer Reise die 5 wichtigsten Leitgedanken mit auf deinen weiteren Weg geben.

Die 5 We-are-Creators-Prinzipien für das Leben in der modernen Zeit:

1. Gewöhne dich an Momente der Orientierungslosigkeit.
2. Kläre deine Gedanken, deine Gefühle und deine Absichten und du wirst wissen, was als Nächstes zu tun ist.
3. Verharre nicht in fixen Vorstellungen, sondern handle lebendig und in der Gunst der richtigen Stunde.
4. Akzeptiere deine eigene Verwundbarkeit und die Vergänglichkeit aller Dinge und nimm sie als Anlass dafür, noch mutiger zu leben.
5. Lerne, auf das Unbekannte zu vertrauen und dich voll auf deine innere Führung zu verlassen.

Lass diese Prinzipien dich regelmäßig daran erinnern, dass die Welt sich *immer* im Wandel befindet. Doch auch daran, dass du innerlich immer wählen kannst, wie du dich im Wandel positionierst, wie du reagierst und was du kreierst. Dass du immer gestalten darfst und dass nicht nur deine Visionen darauf warten, verwirklicht zu werden, sondern dass deine Herzensmission es wert ist, von dir gelebt zu werden.

Wohin dein höherer Weg dich auch führen mag, welche Lernaufgaben und Heilungschancen nun auch immer auf dich zukommen, ich wünsche dir, dass du für dein Hinschauen, dein Wachsen und dein klares Entscheiden mit unzähligen erfüllenden Erlebnissen belohnt wirst. Und ich weiß, dass immer wieder ein neues Nadelöhr auf dich warten und dass es Tage geben wird, an denen du dich allein fühlst auf deinem Weg. Doch bleibe in deiner Klarheit und nutze diese Schlüsselmomente. Denn:

 # Wenn du das Gefühl hast, der Einzige zu sein, nimm deine Aufgabe umso ernster: Vielleicht bist du der Erste.

Der erste Mensch, der hier bereits über die Dinge sieht. Der nicht nur weiß, sondern verkörpert. Der nicht nur folgt, sondern vorausgeht und in jedem seiner Schritte spürt:

Mein Atem ist tief.
Mein Geist ist ruhig.
Mein Herz ist offen.
Ich bin klar.

Mögen Führung, Klarheit und Liebe dich überallhin begleiten und alles erfüllen, was du bewirkst.

Ich danke dir von Herzen, dass du diesen Weg mitgegangen bist. Dass du von meinen Worten nimmst, was du brauchst, und deine hinzufügst. Dass du deinen Weg der Klarheit selbstbestimmt und authentisch gestaltest – und ihn frei machst für alle, die nach dir kommen wollen.

Sei dir deiner wahren Größe bewusst. Sei dir deiner Kraft sicher. Und lebe deine Klarheit.

Mit meinen herzlichsten Wünschen und voll Vorfreude auf ein Wiedersehen.

Deine Monika

Mehr Inspiration, meine Onlinekurse und Livetermine für dich findest du auf: **www.findeklarheit.de**

Mit dem Code **Klarheit3721** erhältst du als Leserin oder Leser dieses Buches 10% Rabatt auf eine deiner Bestellungen in meinem Shop. Viel Freude damit.

Vervollständige dein Klarheits-Cluster #7

Führe nun all deine wichtigsten Erkenntnisse in deinem Klarheits-Cluster #7 zusammen.

Klarheits-Cluster #7:
Ich gehe den höheren Weg

Ich vertraue auf	Das möchte ich lernen, um meine Komfortzone zu erweitern	Ich öffne mich für meine innere Führung, indem ich …	Meine nächsten Schritte in Klarheit sind

www.finde*klarheit*.de

Der Weg der Klarheit ist ein lebenslanger Weg – und ich freue mich, wenn ich dich dabei ein Stück weit begleiten darf.

Mit Freude, Herz und Weitsicht unterstütze ich dich in meinen Onlinekursen, Meditationen, Seminaren und Vorträgen. Mehr dazu findest du auf www.findeklarheit.de

Ich freue mich darauf, dich persönlich kennenzulernen.

Herzlich
deine Monika

Danke

Patrick, ich *danke* dir. Du bist die zweite Seele, die meinen Weg der Klarheit mit mir geht und mir dabei so viel Freiraum lässt, ihn immer neu zu erfinden und zu gestalten.

Ich danke dir, liebe Stefanie Hess, von ganzem Herzen für dein Vertrauen in meine Visionen und Projekte und für deine professionelle und aufmerksame Begleitung auf all diesen Seiten.

Ich danke dir, Simone Domenig, für all deine vielseitige Unterstützung. Danke, Mike Rabensteiner und Bureau Rabensteiner, Daniela Geiger, Carola Gsteu, Barbara Wolf, Birgit Telsnig, Aela Schwarz, Carolin Schreiber, Markus Röleke, Frederike Abend, Wendelin Niederberger, Silke Schäfer, Thomas Frei, Gerhard Staudinger, Erwin Krismer, Leonie Nehr, Elisabeth und Rudolf, euch, liebe Jasmin, liebe Tina und lieber Pepi, meinen geliebten Eltern und all den Menschen und Möglichkeiten, die mich auf meinem eigenen Weg der Klarheit formen, fördern und fordern.

Abbildungsverzeichnis

(alle Abbildungen von Monika Schmiderer)

Quellen

i Nach dem *Welt-Suizid-Report* der Weltgesundheitsorganisation (WHO) nahmen sich 2012 etwa 804 000 Menschen weltweit das Leben, Wikipedia: https://de.wikipedia.org/wiki/Suizid (abgerufen am 06.05.2020).

ii Statistiken zu Selbstmord veröffentlicht von Rainer Radtke, 09.12.2020 auf Statista: https://de.statista.com/themen/40/selbstmord/ (abgerufen am 16.12.2020).

iii Quelle: https://de.wikipedia.org/wiki/Elektroenzephalografie (abgerufen am 11.01.2021).

iv Heinz-Peter Röhr, *Die Kunst, sich wertzuschätzen,* Patmos Verlag 2013, S. 24 ff.

v Quelle: https://de.wikipedia.org/wiki/Disruption_(Gesellschaft_und_Politik) (abgerufen am 29.07.2020).

vi Report der Analyseplattform App Annie, Mediennutzungsstudie JIM des Medienpädagogischen Forschungsverbunds Südwest und andere.

vii Quelle: http://zitate.net/reinhold-niebuhr-zitate (abgerufen am 19.08.2020).

viii Quelle: https://www.gesundheit-und-wohlbefinden.net/unterdrueckte-gefuehle-und-die-angst-gefuehle-zuzulassen/ (abgerufen am 29.07.2020).

ix Quelle: https://www.endokrinologie.net/pressemitteilung/dauerstress-hormongleichgewicht.php (abgerufen am 11.10.2020).

x Siehe dazu: Dr. Joe Dispenza, *Werde übernatürlich,* Koha Verlag 2017, S. 78 ff.

xi Quelle: https://www.duden.de/rechtschreibung/identifizieren#herkunft (abgerufen am 05.01.2021).

xii Khalil Gibran, *Der Prophet,* Patmos Verlag, S. 25 f.

xiii Siehe dazu auch: Monika Schmiderer, *SWITCH OFF und hol dir dein Leben zurück. Wie wir der digitalen Stressfalle entkommen,* Knaur 2017.

Anmerkungen

1 Insgesamt 24 Prozent der von Gallup Befragten, die hin und wieder im Internet einkaufen, galten als kaufsuchtgefährdet. Bei Menschen, die häufig im Internet einkaufen, wiesen insgesamt 45 Prozent ein kompensatorisches oder süchtiges Kaufverhalten auf. (https://de.statista.com/statistik/daten/studie/726809/umfrage/kaufsuchtgefaehrdung-in-oesterreich-nach-online-shopping/ abgerufen am 16.07.2020)

2 Laut den Ergebnissen des jüngsten Epidemiologischen Suchtsurveys belief sich die Lebenszeitprävalenz des Konsums illegaler Drogen in der deutschen Erwachsenenbevölkerung 2018 auf 29,5 Prozent und lag damit um rund 10 Prozent höher als noch 10 Jahre zuvor. (https://de.statista.com/statistik/daten/studie/219028/umfrage/praevalenz-des-konsums-illegaler-drogen-in-deutschland/ abgerufen am 16.07.2020)

3 Etwa jeder vierte Bundesbürger nimmt permanent drei oder mehr Arzneimittel ein. (https://de.statista.com/statistik/daten/studie/561628/umfrage/bevoelkerungsanteil-in-deutschland-nach-anzahl-eingenommener-medikamente/ abgerufen am 16.07.2020)

4 Die Zahl stationär behandelter Anorexie-Fälle ist zwischen 2008 und 2018 um knapp 30 Prozent gestiegen. (https://de.statista.com/statistik/daten/studie/497296/umfrage/todesfaelle-durch-essstoerungen-nach-diagnose/ abgerufen am 16.07.2020)